UTB

W0271137

UTB 3489

Eine Arbeitsgemeinschaft der Verlage

Böhlau Verlag · Köln · Weimar · Wien
Verlag Barbara Budrich · Opladen · Farmington Hills
facultas.wuv · Wien
Wilhelm Fink · München
A. Francke Verlag · Tübingen und Basel
Haupt Verlag · Bern · Stuttgart · Wien
Julius Klinkhardt Verlagsbuchhandlung · Bad Heilbrunn
Lucius & Lucius Verlagsgesellschaft · Stuttgart
Mohr Siebeck · Tübingen
Nomos Verlagsgesellschaft · Baden-Baden
Orell Füssli Verlag · Zürich
Ernst Reinhardt Verlag · München · Basel
Ferdinand Schöningh · Paderborn · München · Wien · Zürich
Eugen Ulmer Verlag · Stuttgart
UVK Verlagsgesellschaft · Konstanz
Vandenhoeck & Ruprecht · Göttingen · Oakville
vdf Hochschulverlag AG an der ETH Zürich

UTB Profile

Hannes Leidinger • Verena Moritz •

Der Erste Weltkrieg

Böhlau Verlag Wien · Köln · Weimar

Bibliografische Information der Deutschen Nationalbibliothek:
Die Deutsche Nationalbibliothek verzeichnet diese Publikation in der Deutschen Nationalbibliografie; detailliertere bibliografische Daten sind im Internet über http: //dnb.d-nb.de abrufbar.

UTB-ISBN 978-3-8252-3489-8
Böhlau-ISBN: 978-3-205-78646-7

Printed in Germany

Inhalt

Warum der »Erste Weltkrieg«? 7

Der Erste Weltkrieg im Profil

1 Forschung und Erinnerung 11
2 Der Weg in die Katastrophe 18
3 Blutvergießen 32
4 Abseits der Schlachtfelder 49
5 Ein Hauptereignis aus der »Vogelschau« 71

Serviceteil

Ausgewählte Biographien: Ein kleines Personenlexikon. 101
Literaturverzeichnis: Einige Veröffentlichungen zum
Thema seit dem Jahr 2000 115

Warum der »Erste Weltkrieg«?

Das Bewusstsein von außergewöhnlichen Phänomenen, bemerkte der Historiker Eric Hobsbawm, finde vor allem bei jüngeren Menschen in einer Art permanenten Gegenwart statt. Ihnen fehle nicht bloß die Erfahrung früherer Zivilisationen, sondern auch jede »organische Verbindung zur Vergangenheit ihrer eigenen Lebenszeit«. Solche Befunde mochten zum Teil einer nur noch bedingt aktuellen Variante der »Kulturverfallstheorien« geschuldet sein. Ihr zufolge verbanden die älteren Generationen mit dem »Nachwuchs« und seinen scheinbar zu kurz gegriffenen Ansichten stets Werte- und Wissenskrisen, Verengungen der Wahrnehmungshorizonte, die sich unter anderem in einer Art »geschichtsvergessenen Augenblicksverhaftetheit« manifestierten.

Tatsächlich beschäftigten sich gerade die solcherart Verdächtigten durchaus mit der entfernteren Vergangenheit. Ein bereits tobender Balkankrieg Ende des 20. Jahrhunderts wurde nicht bloß von betagten und arrivierten Gelehrten mit den Ereignissen von 1914 verknüpft, mit dem Attentat auf den österreichisch-ungarischen Thronfolger Franz Ferdinand in Sarajevo. Der nationale Hass in Südosteuropa verwies auf Streitpunkte, die weit zurückreichten und offensichtlich nach wie vor ungelöst waren.

Zugleich ließen sich diese schwer von einer globalen Zeitenwende trennen, vom Fall der Berliner Mauer und vom Zusammenbruch des Kommunismus. Der Zerfall Jugoslawiens, die Unabhängigkeitsbewegungen in der untergehenden Sowjetunion oder auch die Auflösung der Tschechoslowakei erinnerten an ältere ethnische Spannungen, politische Gegensätze und territoriale Ordnungsfragen, die darüber hinaus unter anderem auch mit der Auflösung des Osmanischen Reiches und dem andauernden Nahostkonflikt verknüpft waren. Klarer als in den vorangegangenen Dekaden wurden gegenwärtige Krisenherde mit ihren »Auftaktereignissen« ab 1914 verbunden. Das Entstehen und der Untergang der UdSSR definierten nach Eric Hobsbawm ein »kurzes Zwanzigstes Jahrhundert«, das folglich 1989/91 endete und mit der Oktoberrevolution 1917 begann. Die damalige »Wende« in Russland aber sei wiederum vom Ersten Weltkrieg insgesamt nicht zu trennen.

Das vierjährige Blutvergießen mit rund 15 Millionen Toten bezeichnete solcherart der amerikanische Botschafter in Moskau, George Kennan, schon in den 1960er-Jahren als »Urkatastrophe« mit kaum zu überschätzenden Langzeitwirkungen. Dass Kennans Urteil mittlerweile, am Beginn des 21. Jahrhunderts, zum Allgemeinplatz geworden ist, spricht sowohl für die Bedeutung als auch für die Konjunktur einer seit den 1990er-Jahren forcierten Weltkriegsforschung.

Unter diesen Bedingungen waren es gerade jüngere Wissenschaftler und Journalisten, die mit einem nicht abreißenden Strom von neuen Publikationen die Wichtigkeit des Untersuchungsbereiches untermauerten. Aus gutem Grund nahmen sie sich des Themas an. Schließlich kollabierten das europäische Staatensystem und insbesondere die Monarchien im Zentrum und im Osten des Kontinents ab 1917. Die ökonomischen Einflüsse des »großen Waffenganges« auf nachfolgende Rezessionen mussten gleichfalls Beachtung finden, ebenso ein »Kampf der Ideen« über Dekaden hin, der neue Leitbilder propagierte, Feindbilder prägte oder verstärkte und insbesondere völkisch-rassischen wie sozialrevolutionären Extremismen Auftrieb verlieh. Außerdem ließ sich eine globale Machtverschiebung zu den »überseeischen Kräften« erkennen, allen voran zu Japan und den Vereinigten Staaten, während speziell für Frankreich und Großbritannien eine Phase der Entkolonialisierung am Zeithorizont heraufdämmerte.

1914 als Zäsur wahrzunehmen lag und liegt also nahe. Auf diese Weise rückte aber auch die »untergehende Welt« ins Blickfeld, das »lange« 19. Jahrhundert, welches im Zeichen eines »säkularen Modernisierungsprozesses« stand. Gemeint sind damit vor allem Phänomene wie Industrialisierung oder Demokratisierung, ein auf Wohlstand, Freiheit und Bildung ausgerichteter Fortschrittsoptimismus, parallel dazu aber auch ein Unbehagen angesichts der beschleunigten Entwicklungen, Anpassungsschwierigkeiten an Veränderungen, Individualisierung einerseits und Massenmobilisierung andererseits. Die »Moderne« – ein schillernder, vielgestaltiger und auch etwas unklarer Überbegriff – hat ein Janusgesicht, das der Erste Weltkrieg deutlicher enthüllte als die vorherige Epoche. Die Gewalteskalation von 1914 bis 1918 vertiefte die Gegensätze. Dem Bemühen um Mitsprache, Selbstbestimmung und Völkerverständigung standen danach Verfechter der Militarisierung und »Kollektivierung«, des Gewalt- und Führerkults noch unversöhnlicher gegenüber.

Gegensätzliche Erscheinungen verliehen dem Weltkrieg außerdem den Charakter eines Knotenpunktes von Handlungsabläufen, die sowohl rasche Veränderungen als auch langsamere Transformationen anzeigten. Das »bewaffnete Kräftemessen« vereinte Zäsuren, Prozesse beziehungsweise Kontinuitäten und erweist sich demgemäß als Angelpunkt für das Verständnis zweier Jahrhunderte und als »Hauptereignis« einer »späten Neuzeit« seit dem Ausbruch der Französischen Revolution.

Gerecht wird man dieser Gesamtbetrachtung also lediglich durch die Beachtung einer thematischen Vielschichtigkeit und Widersprüchlichkeit, die historische Analysen gerade in den letzten beiden Dekaden gegenüber den »großen Erzählungen« mit ihren Hinweisen auf langfristige Ursachen und Folgewirkungen betonten. »Jahrhunderterklärungen« dürfen, wird eingemahnt, nicht zu Generalisierungen und Simplifizierungen, zu einem »Minenfeld von Platitüden« und zur Vorspiegelung von Zwangsläufigkeiten führen. Bei der geforderten Differenzierung, der Beurteilung von Interaktionen zwischen verschiedenen Einflussfaktoren oder der Hervorhebung konträrer Kräfte und gegenläufiger Tendenzen spielten Haltungsänderungen von »Nachgeborenen« sowie »Paradigmenwechsel« innerhalb der Geschichtsforschung eine Schlüsselrolle.

Unter Berücksichtigung solcher Grundgedanken wollen die nachfolgenden Ausführungen Entwicklungen und Geschehnisse allerdings nicht zu sehr untergliedern. Narrative und Analysen sollen in einigen wenigen Kapiteln erfasst werden, um Kontraste, Querverbindungen und Zusammenhänge aufzuzeigen. Der Aufbau der vorliegenden Einführung folgt einem verhältnismäßig einfachen Ordnungsmuster. Geht es zunächst um die Frage, wie es zur Katastrophe von 1914 bis 1918 kommen konnte, stehen im darauffolgenden Abschnitt die militärischen Ereignisse im Mittelpunkt. Danach wenden sich die Darstellungen den Vorgängen abseits der Schlachtfelder zu. Zivilgesellschaft, »Hinterland«, »Heimatfront«, soziale, ökonomische und kulturelle Faktoren geraten ins Blickfeld. Zuletzt ist zu eruieren, welche Bedeutung das »Hauptereignis«, der »große Waffengang«, für den Verlauf des 20. Jahrhunderts, aber auch für die Einschätzung des 19. Jahrhunderts hat. Orientieren sich die hier vorgestellten Interpretationen im Wesentlichen an allgemeinen und weitgehend abstrakten, »anonymen« Abläufen, so werden im Anhang wichtige Akteure vorgestellt. Mittels ausgewählter biografischer Annäherungen an die Geschichte des Weltkriegs rücken thematische Schwerpunkte in knapper Form noch einmal in den Vordergrund.

Abschließend sei außerdem darauf hingewiesen, dass alle Kapitel dieses Bandes von Hannes Leidinger stammen. Eine Ausnahme bildet der von Verena Moritz verfasste Abschnitt mit dem Titel »Der Weg in die Katastrophe«.

Der Erste Weltkrieg im Profil

1

Forschung und Erinnerung

Das Blutvergießen hatte kaum begonnen, als man es auch schon dokumentierte. Erinnerungs- und Schaustücke für Sonderausstellungen und Museen wurden gesammelt, erste Überblicksdarstellungen entstanden.

Mit den Friedensschlüssen ging es dann vor allem um Ursachen und Verantwortungen für den mehrjährigen Waffengang. Lange wies Deutschland Vorwürfe der Gegner zurück, die Hauptschuld am Ersten Weltkrieg zu tragen. Ab den 1960er-Jahren wandelte sich die Betrachtungsweise. In der BRD sah man die Rolle des Kaiserreichs der Hohenzollern nun deutlich kritischer.

Bald danach veränderten sich vielerorts die Forschungsschwerpunkte. Soziale und wirtschaftliche Fragestellungen rückten ins Zentrum der Untersuchungen, später alltags-, kultur- und mentalitätengeschichtliche Faktoren. Die Sicht »einfacher« Soldaten und die zivile Seite des Krieges gerieten ins Blickfeld.

Parallel zum Wechsel wissenschaftlicher »Paradigmen« vollzog sich die gesellschaftliche Rückschau auf das Geschehen zu Beginn des 20. Jahrhunderts überall in »Erinnerungswellen«. Dabei zeigte sich außerdem, dass den Erfahrungen an der Westfront größeres Interesse entgegengebracht wurde als den Erlebnissen und Entwicklungen an den »vergessenen« Kampfschauplätzen im Osten Europas: Die Sowjetunion hob die »Oktoberrevolution« als »Ereignisikone« hervor, in Deutschland hatte man sich mit den Verbrechen der NS-Diktatur zu befassen. Bis heute hingegen gilt speziell in Frankreich, in England und im britischen Commonwealth das vierjährige Massensterben von 1914 bis 1918 als »Großer Krieg«, dessen Opfer durch eine lebendige Gedenkkultur im öffentlichen Bewusstsein verankert sind.

Geschichtsproduktion

Die Gegenwart ist ein sich verflüchtigender »Jetztpunkt«. Selbst wenn sie sich mit offenen Entscheidungssituationen und noch nicht abgeschlossenen Handlungssträngen gefühlsmäßig fortzusetzen scheint: Weder ihr noch einer ungewissen Zukunft steht der »Wirklichkeitsgehalt« des Vergangenen zu Verfügung. Obwohl das Geschehene eigentlich unzugänglich bleibt, bietet es als »Erlebnis« Halt. Auch die Verdrängung des Schrecklichen unterbindet den fortwährenden Prozess des Verarbeitens und Verstehenwollens der Erfahrungen kaum. Fehlen den »Zeugen« die Worte, widersprechen die Wahrnehmungen den eigenen Intentionen oder fremden Bedürfnissen, wird der Strom des Gedenkens meist umgeleitet. Einzelne, Gruppen und ganze Gesellschaften warten dann mit benötigten und sinnstiftenden Erklärungen, mit korrigierenden Zuschreibungen und alternativen Narrationen, aber auch mit gezielten und unbewussten Ausblendungen, Verzerrungen oder Legenden auf.

Die Wertschätzung der Historie im 19. Jahrhundert und ihr Stellenwert bei der Formierung von Staaten und Nationen verstärkten den Trend zur unentwegten Geschichtsproduktion und -konstruktion. Dabei halfen auch die neuen technischen Möglichkeiten, die mittels Rotationsdruckverfahren, »Kinematographie« und »Aktualitätenphotographie« Bilder und Zerrbilder der Vergangenheit einem größeren Publikum vermittelten.

Eine Rückschau auf den Ersten Weltkrieg, eine »Musealisierung« des allseits als »groß« empfundenen »Ringens«, setzte auf diese Weise ein, noch bevor die Waffen schwiegen. Bis 1918 enthüllte man bereits zahlreiche Denkmäler, sammelte Erinnerungsstücke und trug zur Entstehung von Dokumentationen bei. Schon 1917 lag der erste Band einer Gesamtdarstellung des Schweizer Publizisten Hermann Stegemann vor, eine Publikation, die ihr Lesepublikum gleichermaßen fand wie nachfolgende »Monumentalveröffentlichungen«.

Nützlichkeitserwägungen

Wichtig waren in diesem Zusammenhang bald Offiziere, die »ihren Krieg« speziell in der Tradition älterer Generalstabswerke bewerteten. Dadurch sollten nicht zuletzt Lehren aus den geschlagenen Schlachten gezogen werden, um für kommende gewaltsame Auseinandersetzungen gewappnet zu sein. Mehr noch als auf die west- und mitteleuropäischen Länder traf das auf Russland zu. Die durchaus umfangreiche militärwissenschaftliche Literatur sowjetischer Autoren verwendete die Erfahrungen des mehrjährigen Kräftemessens sozusagen als »Steinbruch«. Vermeintlich Nützliches wurde in Bezug auf den aktuellen und künftigen Wert für die Streitkräfte überprüft. Bezeichnenderweise brachte man nach der Machtergreifung Hitlers in Deutschland 1933 die zarischen Operationspläne aus den Archiven in die Führungsabteilungen der Roten Armee. Dort verblieben die Dokumente bis 1989.

Ansonsten aber vernachlässigte die UdSSR im Gegensatz zum internationalen Trend die Ereignisse von 1914 bis 1918. Dem »Flächenbrand«, der aus Lenins Sicht ein Streit der »Imperialisten« um Märkte und Kolonien war, kam im Vergleich zum Gründungsmythos des »real existierenden Sozialismus«, zur »Oktoberrevolution« und zur »Errichtung der Rätemacht«, eine marginale Bedeutung zu. Im Unterschied zu den »Kriegern« anderer Staaten verschwanden Millionen Soldaten des Zarenreiches weitgehend aus dem öffentlichen Gedächtnis ihres Heimatlandes. Bis heute gibt es für sie kaum Denkmäler in der Russischen Föderation. Die Rahmenbedingungen ändern sich erst seit dem Ende der kommunistischen Herrschaft. Allmählich beginnt man die Vorbedingungen der »Wende« von 1917 genauer und aus neuen Blickwinkeln zu betrachten.

Anders verlief die Entwicklung etwa in Frankreich, Großbritannien, Deutschland und den Vereinigten Staaten. Hier entstanden relativ früh Gedenkstätten. Seit ungefähr 1925 setzte darüber hinaus ein regelrechter Reiseboom zu den ehemaligen Frontabschnitten ein, dem eine große Erinnerungswelle bis zur Mitte der 1930er-Jahre folgte. Ähnlich wie der »Schlachtfeldtourismus« diente überdies eine Vielzahl von Publikationen, aber auch von Spielfilmen höchst unterschiedlichen und zum Teil durchaus fragwürdigen Zwecken. Neben pazifistischen Perspektiven auf das »Grauen« oder der Bewältigung von Trauma und Trauer ging es um die pure Faszination des Schreckens und des Todes, um politische Agitation und mehr oder minder revanchistische Zielsetzungen der Besiegten.

Schuld und Rache

Das nationalistisch und militaristisch aufgeheizte Klima verschärfte sich unter anderem durch den Versuch, den »Ehrenschild« der jeweils eigenen »Wehrmacht« reinzuwaschen. Darüber hinaus hielt seit den Friedensverträgen von 1919/20 die Diskussion über Ursachen und Verantwortungen für das »Massenschlachten« an. Speziell in Deutschland wehrte man sich gegen Vorwürfe der Gegenseite, die Hauptschuld an der Katastrophe zu tragen. Von öffentlichen Stellen unterstützt, glaubte man in Berlin vielmehr darauf aufmerksam machen zu müssen, dass das »kraftvolle«, 1871 entstandene Kaiserreich der Hohenzollern an der »natürlichen Entfaltung« seiner Kräfte gehindert worden sei und sich im Zustand einer »notwendigen Verteidigungsbereitschaft« befunden habe.

Vor diesem Hintergrund wurden mittels Dokumentenbänden noch einmal geistige Kämpfe ausgefochten, in denen die Kontrahenten einander wenig Glaubwürdigkeit zubilligten. Deutscherseits stand man etwa französischen Veröffentlichungen mit Skepsis gegenüber, obwohl ihnen trotz politischer Einflussnahme ein gewisses Maß an Objektivität nicht abzusprechen war. Akten des Romanowimperiums, welche die Sowjetführung seit Februar 1918 freigab und teilweise publizierte, erleichterten währenddessen kaum eine Aussöhnung zwischen den ehemaligen Kriegsgegnern. Berlin sah seinen Standpunkt prinzipiell in den russischen Materialien bestätigt und favorisierte auch sonst ausländische Arbeiten, die den deutschen Interpretationen entsprachen.

Die »Kriegsschulddebatte«, die weniger von Universitätsgelehrten als von Regierungsbehörden und Generalstabshistorikern getragen wurde, war bis in die 1930er-Jahre vor allem ein Duell der Worte. Mit der Diktatur des Nationalsozialismus hingegen stand der Rückblick ganz im Zeichen eines handlungsbereiten Rachebedürfnisses. Historische Studien dienten der Verhinderung früherer Fehler und der verbesserten »Wehrhaftmachung«. Als 1940 das »Dritte Reich« Belgien und Frankreich in die Knie zwang, feierte man an den Gräbern der zwischen 1914 und 1918 Gefallenen die gelungene Revanche. Die Angehörigen der Hohenzollernarmee hatten, so die NS-Diktion, mit »Schützenhilfe« der Wehrmacht am Ende »doch gesiegt«.

Historikerstreit

Die Geste des Triumphs wich bald der Ernüchterung über das Ausmaß der Verwüstungen im Zweiten Weltkrieg. Der Zerstörungshorizont von 1939 bis 1945 verdrängte das Entsetzen über das vergleichsweise »kleinere Gemetzel« drei Dekaden davor. Wenig neue Forschungsarbeiten entstanden. In Deutschland knüpfte man an die ältere Literatur aus den 1920er und 1930er-Jahren an. Eine Art »Burgsicherungs-Mentalität« schützte vor Haltungsänderungen und betonte nach wie vor die Zwangslage und Defensivposition des Hohenzollernreiches. Umso heftiger fiel in der BRD dann die Reaktion auf die Darlegungen von Fritz Fischer in seinem 1961 veröffentlichten Buch »Griff nach der Weltmacht« aus. Fischer hob den expansionistischen Drang der Berliner Entscheidungsträger, ihre Verantwortung für das Blutvergießen ab 1914 hervor und trug zur Auseinandersetzung mit einem »deutschen Sonderweg« bei, der nach Auffassung einer jüngeren Forschergeneration die Katastrophen des zwanzigsten Jahrhunderts wesentlich mit verursacht hatte.

Es folgte ein Historikerstreit, der auch in der DDR aufmerksam verfolgt wurde. Hier begrüßte man die Neubewertungen, hielt aber an der »leninistischen« Lesart eines von allen imperialistischen Mächten entfachten »Weltbrandes« fest. Ansonsten thematisierte die staatlich gelenkte Geschichtsschreibung in Ostdeutschland vorwiegend die Rolle der Arbeiterbewegung in den kapitalistischen beziehungsweise »monopolkapitalistischen« Systemen bis 1918, ein Unterfangen, das sich hauptsächlich auf sozioökonomische Strukturen und anerkannte Führer der Linken konzentrierte. Den viel zitierten Massen hingegen näherte man sich selten.

Paradigmenwechsel

Hinsichtlich der Rolle breiterer Bevölkerungsschichten leisteten westeuropäische und insbesondere angloamerikanische Analysen wesentlich mehr. Nach den 1970er-Jahren, in denen der »Waffengang« von 1914 bis 1918 vor allem aus der Perspektive großer sozialer und wirtschaftlicher Zusammenhänge betrachtet wurde, widmete man sich international etwa seit 1985 vermehrt den individuellen Wahrnehmungen der Zeitzeugen. Die Richtungsänderung ließ sich nicht von einer generellen Schwerpunktverlagerung innerhalb der Historiografie abkoppeln: Die Hinwendung zu Mentalitäten und Alltagserfahrungen erfasste weite Teile der Geschichtswissenschaft und ging mit der Suche nach neuen Quellen einher. In Bezug auf das Militär fanden neben privaten Korrespondenzen und Tagebüchern nun insbesondere Illustrationen, Frontzeitungen, Ansichtskarten und Feldpostbriefe Beachtung.

Der »Paradigmenwechsel« hatte mehrere Gründe. Zum einen beschäftigte man sich vor allem in Großbritannien schon lange mit den »einfachen, unbekannten Soldaten«, zum anderen gewann die französische »Historikerschule« der »Annales« immer größeren Einfluss. Sie hatte sich nach der forcierten Untersuchung »geohistorischer« oder sozioökomischer Strukturen und Prozesse bislang kaum berücksichtigten Bevölkerungsgruppen zugewandt und in weiterer Folge Kultur- und Gefühlswelten mit besonderer Aufmerksamkeit studiert.

Hinzu kam eine kritische Reflexion des sprachlichen Instrumentariums, mit dem die Geschichtsschreiber ihre Erkenntnisse zu Papier brachten. Linguistische und kulturelle »turns« vermischten sich vor diesem Hintergrund mit dem Interesse an einer »Geschichte von unten« und einer Sensibilisierung für die konkreten Erfahrungen, Deutungsmuster und Entscheidungssituationen historischer Akteure oder betroffener Zeitzeugen.

Damit war überdies ein Plädoyer zur weiteren Differenzierung nach subjektiven Wahrnehmungen, regionalen und lokalen Unterschieden sowie schichten- und milieuspezifischen Bedingungen verbunden. Zahlreiche Arbeiten rückten nun außerdem Bewältigungsformen und Erinnerungskulturen, die sich nach dem Krieg entwickelten, in den Mittelpunkt. Überdies beleuchteten Analysen zunehmend die Lage abseits der Fronten, im »Hinterland« und in der »Heimat«. Eine »zivile Geschichte der Gewalt« emanzipierte sich gegenüber der »klassischen« Militärhistoriografie, die zunächst auch die »hohe Politik« als gesonderten Bereich ansah und ihrem »Metier« vorrangig Waffentechnik, Schlachten und Feldzüge, Taktik und Strategie der Feldherren zurechnete.

Gedächtniskulturen

In jüngster Zeit machte die Forschung vermehrt den internationalen Vergleich politischer, wirtschaftlicher, gesellschaftlicher, kultureller und emotioneller Prozesse sowie das Zusammenwirken von kollektiven Mentalitäten und individuellem Verhalten als Forschungsdesiderate aus. Zu »vergessenen Fronten« wurden des Weiteren die Kampfschauplätze in Ost- und Südosteuropa erklärt, ein Umstand, der nicht nur auf das sowjetische Desinteresse am »imperialistischen Kräftemessen« zurückzuführen ist. Ihm wollten sich auch die ehemaligen Gegner der »Russen« weniger widmen: Schließlich hatten Deutsche und Österreicher die Niederlage von 1918 zunächst in zersplitterten, innenpolitisch polarisierten Gesellschaften keineswegs einheitlich verarbeitet. Nach 1945 aber folgten die traumatischen Konsequenzen des Zweiten Weltkriegs sowie eine vielfach verspätete Auseinandersetzung der »Täternationen« mit dem »Holocaust« als beispiellose Form des industriellen Genozids.

Demgegenüber nehmen die Erinnerungen an die Ereignisse von 1914 bis 1918 im kollektiven und kulturellen Gedächtnis der »Sieger« eine Schlüsselstellung ein. Australier und Kanadier, die an der Seite der Engländer kämpften, sehen die Geschehnisse vor rund hundert Jahren als wichtige Station auf dem Weg zur Bildung selbstständiger Nationen an. Für

Briten und Franzosen ist es nicht, wie im deutschen Sprachraum, der Erste, sondern der »Große Krieg«, dessen Opfer durch eine lebendige Gedenkkultur im Bewusstsein verankert sind. Zum Tag des Waffenstillstandes am 11. November 1918 finden Veranstaltungen auf höchster Ebene statt. 2006 ehrte der französische Staatspräsident Jacques Chirac einen der letzten Veteranen des »Grande Guerre«. Fast zeitgleich versammelten sich in London am »Remembrance Sunday« Tausende von Menschen gemeinsam mit Königin Elisabeth II., um die Toten des »Great War« und aller folgenden bewaffneten Konflikte nicht der Vergessenheit preiszugeben.

Mehr noch als »Staatsakte« belegen alltäglichere Formen der Anteilnahme die Langzeitwirkung der »Urkatastrophe«. An den Monumenten auf den Schlachtfeldern Nordfrankreichs werden immer noch Kränze niedergelegt. Nicht nur die direkten Nachkommen der Gefallenen oder die Verantwortlichen der Kriegsgräberfürsorge reisen an. Vielmehr überqueren Schulklassen und ganze Busreisegesellschaften den Ärmelkanal, um die Denkmäler und Soldatenfriedhöfe zu besuchen. Unweit davon hat sich zudem mit dem Dokumentations- und Forschungszentrum »Historial de la Grande Guerre« in Peronne ab den frühen 1990er-Jahren eine der aktivsten Institutionen zur Untersuchung des Ersten Weltkrieges etabliert und dabei neue wissenschaftliche Trends mitbestimmt.

Wie sehr diesbezüglich immer noch die Erinnerung an die Kämpfe im Bereich der Westfront dominiert, zeigt indessen das Internet. Hier überwiegt die immense Fülle von englischsprachigen Sites, verglichen mit einer um einiges geringeren Zahl an französischen Foren. Erst mit noch viel deutlicherem Abstand folgt dann das deutsche Angebot.

Erinnerungswellen

Ungeachtet des verschiedenen Aufmerksamkeitsgrades in den einzelnen Ländern sind jedoch auch Gemeinsamkeiten erkennbar. Nach der Zeit um 1930 lässt sich etwa während der sogenannten »Fischer-Kontroverse« zwischen 1961 und 1964 eine zweite internationale Erinnerungswelle feststellen. In diesen und in den folgenden Jahren wurde die neuerliche Beschäftigung mit dem Ersten Weltkrieg unter anderem auch auf den Einfluss antimilitaristischer Strömungen, das Verhalten einer kritischeren Jugendgeneration, den Vietnamkrieg und die aufkommende Friedensbewegung zurückgeführt.

Definition

Fischer-Kontroverse: Der Hamburger Historiker Fritz Fischer betonte in mehreren Aufsätzen und vor allem in seinem 1961 erschienenen Buch »Griff nach der Weltmacht« Deutschlands Verantwortung für den Ausbruch des Ersten Weltkriegs. Im Gegensatz zu den vormals gültigen Darstellungen, die vor allem von einem »Hineinschlittern« in den Konflikt sprachen, behauptete Fischer, dass die deutsche Reichsleitung den Krieg gezielt herbeigeführt habe. Er löste damit heftige Debatten aus, die nicht nur innerhalb der Historikerzunft geführt wurden, sondern auch eine größere Öffentlichkeit in Deutschland erreichten.

80 respektive 90 Jahre nach dem Ende beziehungsweise nach dem Ausbruch des vierjährigen »Massenschlachtens« rückte der Erste Weltkrieg wieder in den Mittelpunkt des Interesses. 1998 und 2004 stand Großbritannien im Zeichen des Rückblicks. Aber auch in Frankreich und Deutschland gab es zahlreiche Veranstaltungen und Ausstellungen zum Thema. Bücher, Zeitschriften, Radio- und Fernsehsendungen »erlagen« der Faszination »runder Zahlen«, widmeten sich dem »Großereignis« und »Wendepunkt«. Vor dem Hintergrund einer auf Gedenktage beziehungsweise Gedenkjahre ausgerichteten Erinnerungskultur und »Anlassgeschichtsschreibung« sprachen manche von einer »kleinen Konjunktur« der Weltkriegshistoriografie. Tatsächlich wird sie wohl mit Blick auf die Jahre 2014 bis 2018 noch anhalten.

Literatur

Audoin-Rouzeau, Stéphane/**Becker**, Annette: 1914–1918. Understanding the Great War. London 2002.

Korte, Barbara/**Paletschek**, Sylvia/**Hochbruck**, Wolfgang (Hg.): Der Erste Weltkrieg in der populären Erinnerungskultur. Essen 2008.

Michalka, Wolfgang (Hg.): Der Erste Weltkrieg. Wirkung, Wahrnehmung, Analyse. München/Zürich 1994.

Pöhlmann, Markus: Kriegsgeschichte und Geschichtspolitik: Der Erste Weltkrieg. Die amtliche Militärgeschichtsschreibung 1914–1956. Paderborn 2002.

Überegger, Oswald (Hg.): Zwischen Nation und Region. Weltkriegsforschung im internationalen Vergleich. Ergebnisse und Perspektiven. Innsbruck 2004.

Winter, Jay M./**Prost**, Antoine (Hg.): The Great War in History. Debates and Controversies 1914 to the Present. Cambridge 2005.

Winter, Jay/**Parker**, Geoffrey/**Habeck**, Mary R. (Hg.): Der Erste Weltkrieg und das 20. Jahrhundert. Hamburg 2002.

Der Weg in die Katastrophe

In den Ersten Weltkrieg sind die Mächtigen nicht »hineingeschlittert«, wie lange kolportiert wurde. Verantwortlichkeiten einer relativ kleinen Zahl von Entscheidungsträgern sind im Großen und Ganzen auszumachen. Dass sie vor dem Hintergrund martialischer Gebärden und gefährlicher Bündnismechanismen handelten, verleiht den Entwicklungen bis 1914 keineswegs den Charakter der Unvermeidbarkeit.

Das Attentat von Sarajevo, die Ermordung des österreichisch-ungarischen Thronfolgers Franz Ferdinand und seiner Gemahlin, stellte mitnichten die Weichen in Richtung einer globalen Katastrophe. Den Rüstungsmaßnahmen und den strategischen wie mentalen Vorbereitungen auf bewaffnete Auseinandersetzungen standen ernsthafte Bemühungen zur Bewahrung des Friedens gegenüber. Noch im Sommer 1914, nach den Schüssen von Sarajevo, boten sich Gelegenheiten, den drohenden Waffengang zu verhindern.

Fragwürdig müssen jedoch Spekulationen der Berliner und Wiener Regierungsstellen anmuten, den Konflikt lokalisieren zu können. Letztlich ignorierten und unterschätzten sowohl die Donaumonarchie als auch das Deutsche Reich die Bereitschaft der übrigen Großmächte, internationale Rivalitäten militärisch auszutragen.

Unter diesen Bedingungen wird ein zentraler Einflussfaktor sichtbar: In allen europäischen Hauptstädten betrachtete man den Krieg als mögliche Fortsetzung der Politik mit anderen Mitteln.

Unwägbarkeiten

Bisweilen, heißt es in Robert Musils Roman »Der Mann ohne Eigenschaften«, gleiche der Weg der Geschichte dem eines »durch die Gassen Streichenden, der hier von einem Schatten, dort von einer Menschengruppe abgelenkt wird und schließlich an eine Stelle gerät, die er weder gekannt hat noch erreichen wollte«.

Musils Betrachtungen riefen den Historikern die Gefahr in Erinnerung, als »rückwärtsgewandte Propheten« aufzutreten und den Entwicklungen im Nachhinein etwas Zwingendes, Unabänderliches und Vorherbestimmtes anzudichten. Gerade jene relativ kurzen Zeitspannen, in denen eine meist überschaubare Zahl von Beteiligten an dramatischen Wendungen teilhabe, erinnerten, so die Warnung, an die relative Offenheit, die das Verhalten der Zeitgenossen »im Horizont des Ungewissen« verständlicher mache.

Die Nahaufnahmen der Ereignisse führen solcherart kaum zur erhofften Klarheit. Vielmehr werden meist neue Unschärfen erkennbar, die sowohl Details und »kleinste Bausteine« als auch das Faktengerüst und letztlich die »großen Erzählungen« ins Wanken bringen. Konsequenterweise treten derartige Unsicherheiten überall dort besonders deutlich zutage, wo es um Zuspitzungsprozesse und Entscheidungssituationen geht. Es überrascht nicht, dass sich in diesem Zusammenhang etwa die Militärgeschichtsforschung zu kritischen Überlegungen veranlasst fühlt. Schließlich läuft der Beschluss, zu den Waffen zu greifen, die gewaltsame Auseinandersetzung und die Konfrontation in der Schlacht zu suchen, auf eine Art »Gottesurteil« hinaus. Ungeachtet aller Vorannahmen, strategischer und taktischer Erwägungen scheint der »Augenblick des Kräftemessens« einer Anrufung »höherer Gewalten« zu ähneln, einer Auslieferung an Zufälle und Unwägbarkeiten.

Eindrucksvolle Belege für die unendliche Vielfalt an Einflussfaktoren, aber auch an Handlungsmöglichkeiten des Menschen kommen dabei zum Vorschein, Grund genug, wie manche Fachleute betonen, Spuren nachzugehen, die sich im »Unterholz der Vergangenheit« verlaufen. »Was wäre gewesen, wenn?«, lautet dann oft die berühmte Frage, mit der die Grenze zur sogenannten »virtuellen« beziehungsweise »kontrafaktischen« Historiografie überschritten wird.

Bei den Fachleuten ist diese Herangehensweise freilich verpönt oder zumindest umstritten, obwohl sich auch Kritiker fragwürdiger Spekulationen bisweilen mit Mutmaßungen behelfen, um Verlauf und Konsequenzen der geschilderten Begebenheiten einzuschätzen. Mit der Chance, vertraute Vorgänge umfassender zu beleuchten, und im Hinblick darauf, ungewohnte Perspektiven einzunehmen, geben sich die Verfechter der »Simulationen« jedoch nicht zufrieden. Abseits allzu weit reichender Annahmen zielen sie auf die Berechnung der Wahrscheinlichkeiten von »plausiblen Folgeerscheinungen« ab, während andere Wissenschaftler weder »Phantasieprodukte« noch Modelle oder Kalkulationen ins Feld führen, sondern vor allem »Zeugnisse« für Alternativen zu den bekannten Entwicklungen und zum gängigen Schulbuchwissen.

Friedenschancen

Unter solchen Gesichtspunkten gibt es zum Beispiel für den Historiker Holger Afflerbach genug Anhaltspunkte, den Ausbruch des Ersten Weltkrieges als ein geradezu »unwahrscheinliches Resultat« des Geschichtsverlaufs zu deuten. Internationale Allianzen wie der »Dreibund« der Deutschen, Österreicher und Italiener seien weniger aggressive Erwerbs- als defensive »Versicherungsgesellschaften« gewesen, begründet der Experte seine Auffassung. Als Staatsräson Europas zu Beginn des 20. Jahrhunderts, ergänzt er, müsse sogar eher die »Idee der Friedensbewahrung« gelten.

Weniger pointiert und mit einigen argumentativen Vorbehalten gegenüber Afflerbach weisen indessen auch Teile seiner Kollegenschaft auf den Umstand hin, dass die Katastrophe von 1914 nicht als unausweichliches Ergebnis der vorherigen Geschehnisse hingestellt werden sollte. Damit die Waffen auf »ewig« schweigen mögen, hatte beispielsweise der russische Zar Nikolaus II. alle damals selbstständigen Staaten des alten Kontinents sowie die USA und Japan zu einer Tagung eingeladen. Die Haager Friedenskonferenzen von 1899 und 1907 schufen daraufhin Regelwerke zur Lösung internationaler Konflikte, kodifizierten das Kriegsvölkerrecht und warnten unzweideutig vor den Gefahren der Rüstungsmaßnahmen sowie den Dimensionen kommender gewaltsamer Auseinandersetzungen.

Dem Vertrauen auf einen kurzen, gewissermaßen »schmerzlosen« Waffengang als »gewohnte« Austragung politischer Differenzen mit militärischen Mitteln entzog man wiederholt die Grundlage. Niemand Geringerer als der langjährige preußische Generalstabschef Helmuth von Moltke (d. Ä.) erwartete 1890 das kommende Grauen eines »dreißigjährigen Volkskriegs«. Drei Jahre davor sah Friedrich Engels, der Weggefährte von Karl Marx, »Gemetzel« von »nie gekannter Heftigkeit« voraus, an deren Ende »die Kronen zu Dutzenden über die Straßenpflaster« rollen würden. Aus einem vergleichbaren weltanschaulichen Blickwinkel skizzierte der prominente Sozialdemokrat August Bebel die Logik einer ständigen Verstärkung und Vergrößerung der Streitkräfte bis zum Moment, in dem »der eine oder andere« lieber das »Ende mit Schrecken« als »ein Schrecken ohne Ende« wähle und die »Götterdämmerung der bürgerlichen Welt« bevorstehe. Nur einen Schritt vom »Abgrund« entfernt, sprach dann im Sommer 1914 auch Großbritanniens Außenministers Edward Grey angesichts der in Gang gesetzten Mobilmachung die berühmten Worte: »In ganz Europa gehen die Lichter aus. [...] Wir werden es nicht mehr erleben, dass sie wieder angezündet werden.«

Zivilisten und Soldaten, Regierungsmitglieder und Oppositionelle, Männer unterschiedlichster ideologischer Couleurs sahen die künftige Katastrophe voraus. Vor allem im liberal-bürgerlichen Lager Englands und Frankreichs machten sich pazifistische Strömungen bemerkbar. Europaweit ließ zudem die Arbeiterbewegung aufhorchen. Gegen eine drohende Gewalteskalation rief sie Zehntausende auf die Straßen. Noch im Juli 1914 fanden in vielen Ländern Antikriegskundgebungen statt, an denen sich allein in Deutschland rund 750.000 Menschen beteiligten.

Kooperation, Mäßigung, Kompromissbereitschaft

Die kapitalistische Weltordnung, die von der Linken immer wieder für schwerwiegende Krisen verantwortlich gemacht wurde, ließ sich währenddessen nur bedingt als Störfaktor des allgemeinen Friedens vorführen. Handelsaustausch und Großinvestitionen orientierten sich etwa keineswegs nur an nationalen Grenzen und Egoismen. Die wirtschaftlichen Vernetzungen deuteten vielmehr auf eine Globalisierung hin.

Auch auf dem diplomatischen Parkett lag den Staaten einiges an Kooperation und Koordination. Botschafterkonferenzen befürworteten ein konzertiertes Vorgehen bei der Aufteilung der Welt durch Europa und die aufstrebenden USA. Symbolträchtig schlug man 1900 gemeinsam den chinesischen »Boxer-Aufstand« nieder: Eine multinationale Truppe unter deutscher Leitung ging brutal gegen jeden Widerstand vor, der sich dem Anspruch der Großmächte und speziell des tonangebenden alten Kontinents entgegenstellte. Untereinander respektierten hingegen die »glücklichen Besitzenden« meist Privilegien und geltende Rechte. Vor diesem Hintergrund entschied man sich des Öfteren zur Mäßigung. Als sich die Habsburgermonarchie 1908 Bosnien-Herzegowina einverleibte, das es im Einvernehmen mit dem Berliner Kongress 1878 besetzt hatte, das formal aber Teil des Osmanischen Reiches geblieben war, führte die »Annexionskrise« zu keinen Kampfhandlungen. Serbien, das die begehrte Region wenigstens teilweise für sich verlangte, fand wohl Rückendeckung in St. Petersburg. Ein militärisch von den Verbündeten abhängiges Zarenimperium blieb aber vor allem ohne Beistand seines französischen Alliierten. Zum Kompromiss kam es wenig später auch zwischen Paris und Berlin in der Auseinandersetzung um Marokko. Zwei internationale Spannungszustände in den Jahren 1905 und 1911 endeten letztlich damit, der »Grande Nation« das umstrittene Gebiet zu überlassen, während Deutschland mit einem Besitzzuwachs in Äquatorialafrika abgefunden wurde.

Die Bereitschaft zur Verständigung unter den führenden Ländern schien immer noch gegeben, selbst nach dem Anschlag von Sarajevo, dem der österreichisch-ungarische Thronfolger Franz Ferdinand und seine Frau Sophie von Hohenberg am 28. Juni 1914 zum Opfer gefallen waren.

Die Täter und Mitverschwörer, vorwiegend junge bosnische Serben, aber auch einige Muslime und Kroaten, setzten sich im Übrigen die Vereinigung der Südslawen zum Ziel und nicht zwangsläufig eine Vergrößerung Serbiens. Die dortige Regierung von Ministerpräsident Nikola Pasić war indes aufgrund ihres antihabsburgischen Kurses von einer politischen Mitverantwortung für die um sich greifende Gewalt nicht freizusprechen. Eher auszuschließen ist jedoch, dass sie von den konkreten Mordplänen gewusst oder diese gar gefördert hat. Geheimdienstkreise präsentierten sich später als Drahtzieher. Deren Umtriebe, klandestine Operationen und Verbindungen mit Untergrundorganisationen ließen sich jedoch schwer nachweisen. Für die ermittelnden Behörden der Donaumonarchie stand jedenfalls im Sommer 1914 fest, dass eine Mitwisserschaft oder Beteiligung des Kabinetts Pasić am Attentat durch »nichts erwiesen« und vielmehr sogar als »ausgeschlossen anzusehen« sei. Wichtiger noch war, dass Belgrad den ultimativen Forderungen Wiens vom 23. Juli 1914 wider Erwarten mit erheblichen Zugeständnissen begegnete. »Das ist mehr als man erwarten konnte!« Damit »fällt jeder Kriegsgrund fort«, lautete der Kommentar des deutschen Kaisers Wilhelm II.

Definition

Das österreichisch-ungarische Ultimatum an Serbien: Mehr als drei Wochen nach dem Attentat in Sarajevo übermittelten die Wiener Stellen ein Ultimatum an die Belgrader Regierung, in dem Letztere mit einer Reihe von Forderungen konfrontiert wurde. Auf diese Weise wollte sich die Donaumonarchie Genugtuung für den Mord am Thronfolger verschaffen. Serbien sollte die Hintergründe des Attentats restlos aufklären und in diesem Zusammenhang auch die Mitwirkung von k. u. k. Organen genehmigen. Belgrads Antwort auf die sogenannte »befristete Note«, in der unter anderem auch die Einstellung antihabsburgischer Propaganda verlangt wurde, beinhaltete zwar keine völlige Annahme der Bedingungen, kam aber den Forderungen der Donaumonarchie weitestgehend entgegen. Dort aber blieb man auf Kriegskurs.

Der Hohenzollernspross mit einem Hang zum forschen Auftreten war unterdessen nicht der einzige, der zur Entspannung der Lage tendierte. Während beispielsweise international Verständnis dafür aufgebracht wurde, dass die Donaumonarchie Terrorakte gegen ihre höchsten Repräsentanten nicht einfach achselzuckend hinnehmen konnte, trat Großbritannien auf den Plan und bot sich als Vermittler an. Deutschlands Reichskanzler Theobald von Bethmann Hollweg riet den Wienern, das englische Angebot zu beachten.

Ein vierjähriges Massenschlachten, resümiert deshalb der Historiker Günther Kronenbitter, wäre leicht vermeidbar gewesen, wenn der friedlichen Konfliktbeilegung im Krisenmanagement Vorrang eingeräumt worden wäre. Wie konnte es aber trotz pazifistischer Bekundungen und Warnungen vor der Katastrophe, trotz der Aufrufe zum Einlenken und der Initiativen für die Entschärfung der Situation zur Katastrophe kommen?

Mentalitäten und Krisenstimmungen

Sogar in Wortmeldungen und Demonstrationen der Kriegsgegner, könnte eine Antwort lauten, spiegelten sich Formen des Zeitgeists wider, die den soldatischen Tugenden huldigten und an die »Vaterlandsliebe« appellierten. Schon in den Klassenzimmern wurde der Patriotismus unreflektiert hochgehalten, räumte man der Verehrung des »Heroischen« einen zentralen Platz ein und setzte auf Drill und Unterordnung. Das vornehmlich an Schlachten interessierte Geschichtsverständnis passte überdies zur Selbststilisierung maskuliner Eliten, welche »Stolz und Ehre« für sich beanspruchten. Im grassierenden »Duellfieber« manifestierten sich gleichfalls Prinzipien des späten 19. Jahrhunderts, ebenso im imperialistischen Streben nach Weltgeltung und in der aufgeregten Proklamation nationaler Interessen.

Imponiergehabe und Säbelrasseln, Rüstungsprogramme, Großreichsfantasien und chauvinistische Rhetorik nahmen sich zugleich wie hysterische Kompensationen einer tief sitzenden Verunsicherung aus. Traditionelle Führungsschichten sahen sich mit einem »nervösen Zeitalter« konfrontiert, das eine Reihe von Emanzipationsbestrebungen charakterisierte. Parlamentarismus, Mitsprache der »Massen«, Frauen- und Arbeiterbewegung, der Ruf nach sozialen Reformen und ethnischer Selbstbestimmung rüttelten speziell an den Fundamenten der mittel- und osteuropäischen Monarchien. Deren vordemokratische Herrschaftsorganisation rang mit den Beschleunigungseffekten politischer Umwälzungen und zunehmender Industrialisierung. Wankende konstitutionelle Systeme sahen sich in ihrer Existenz bedroht. Über dem Zarenreich hing das Damoklesschwert der Revolution. Der Vielvölkerstaat Österreich-Ungarn fürchtete seine Desintegration, Deutschland zwar keine Selbstauflösung, sehr wohl aber gesellschaftliche Konflikte in Anbetracht des Aufstiegs der Sozialdemokratie.

Von Unruhen blieben indes auch die Westmächte nicht verschont. Kontroversen zwischen republikanischen und antirepublikanischen Kräften, konservative Widerstände gegen liberale Pläne etwa für eine irische Autonomie und heftige Debatten über das Wahlrecht der Frauen destabilisierten Großbritannien und Frankreich in hohem Maß.

Fast überall machte sich zudem Unbehagen über unterschiedliche und zum Teil widersprüchliche Modernisierungseffekte breit. Säkularisierung, Urbanisierung und Individualisierung lösten Kritik aus. Hauptsächlich jüngere Generationen des Bürgertums und der Bildungsschichten äußerten ihre Unzufriedenheit über die Unwirtlichkeit der Städte, die Zerstörung und Künstlichkeit sozialer Beziehungen, die Bürokratisierung der Institutionen und den geistigen Stillstand im »geordneten Alltag« der Mittelschichten. Ein durchaus fragwürdig gewordenes Individuum, das darüber hinaus vor seinen seelischen Abgründen stand, figurierte als Sammelpunkt psychischer und physischer »Degenerationen«. Hysterie- und Neurasthenie-Diskurse gingen mit einer Krise der Männlichkeit und kulturpessimistischen Stimmungen einher.

Sozialdarwinistische Modelle begegneten diesem Zustand der »Schwäche« mit Vorstellungen der Auslese und des Triumphs der Stärke, mit einem nicht zuletzt körperlichen Aufbegehren gegen die Wahrnehmung von Passivität und Stagnation. Dass der Befreiungsschlag, mit dem der Erlebnishunger gestillt und neuer Handlungsspielraum geschaffen werden sollte, in keinem geringen Maß an Gewaltideen gebunden war, zeigte sich schließlich in den kriegsbejahenden und zum Teil kriegsverherrlichenden Äußerungen der europäischen Intelligenz, die 1914 oft im Gleichschritt mit den politischen Entscheidungsträgern den »Sprung ins Dunkle« wagte.

Die »Ausbruchsphantasien« verstärkten sich mit der verblassenden Erinnerung an weiter zurückliegende »Großkriege« von internationalem Ausmaß und längerer Dauer. Darüber hinaus fügten sie sich in Wunschszenarien mancher Regierenden ein, die sich von Zwängen und Verwerfungen verschiedener Transformationsprozesse zu lösen versuchten, durch den Waffengang gegen den »äußeren Feind« innere Widersprüche überwinden wollten und Aggressionspotenziale im eigenen Land ohne einen grundlegenden Systemwechsel abzuleiten hofften.

Internationale Beziehungen

Mentale Aspekte eines allerdings schwer einschätzbaren Motivkomplexes müssen also mitbedacht werden, wenn man sich dem »Konzert der Großmächte« um 1900 zuwendet: Disharmonien wurden dabei gleichfalls unüberhörbar. Wohl als Lehre aus den bewaffneten Konfrontationen des 18. Jahrhunderts und der Ära Napoleons nach dem Wiener Kongress 1814/15 geknüpft, lockerte sich das Band zwischen Frankreich, Großbritannien, Russland, der Habsburgermonarchie und »Preußen-Deutschland« zusehends. Der Krimkrieg von 1853 bis 1856 hatte die Partner in Kontrahenten verwandelt. Dennoch wollte man das Konzept einer Kooperation zwischen den führenden Staaten, das nicht auf realer Stärke, sondern auf Gleichberechtigung beruhte, noch keineswegs ad acta legen. Am Balkan sollten die Konfliktlösungsmechanismen multilateraler Verhandlungen wieder greifen. Der Berliner Kongress 1878 regelte unter solchen Bedingungen im Stile einer diplomatischen »Zweiklassengesellschaft« die Entwicklung der Region. Mit einer beträchtlichen Portion Überheblichkeit sah eine »erlesene Runde« auf kleinere Länder herab, welche allerdings bald Gelegenheit erhielten, die herrschenden Verhältnisse infrage zu stellen.

Als 1912/13 Bulgarien, Serbien, Griechenland und Montenegro über den »kranken Mann am Bosporus« herfielen, das verbliebene europäische Territorium des Osmanischen Reiches zum größten Teil an sich brachten und miteinander unter Einschluss Rumäniens und der Türkei über die »Beute« in Streit gerieten, offenbarte sich die Zahnlosigkeit der internationalen Diplomatie. Der Versuch, einen albanischen Staat zu schaffen, scheiterte. Eine gemeinsame Intervention der Großmächte unter Mitwirkung Italiens blieb aus, vielmehr vertiefte sich die Kluft zwischen den maßgeblichen europäischen Kräften weiter.

Die Position Österreich-Ungarns verwies auf die veränderte Lage. Seit der »Annexionskrise« von 1908/09 ohnehin in schärferer Konkurrenz zum Zarenreich und zu dessen »Schützling« Serbien, sah sich Wien zunehmend von Belgrad und dessen expansionistischen Zielen herausgefordert. Die Zwistigkeiten der ungleichen Nachbarn nahmen unter diesen Vorzeichen endgültig den Charakter einer »Todfeindschaft« an.

Als nachteilig erwies sich, dass die verschärften regionalen Rivalitäten genau in jene Phase der internationalen Beziehungen fielen, als diese von »uneindeutigen Strukturen«, wie manche Forscher meinen, gekennzeichnet waren. Noch gab es keine Einrichtungen wie die Vereinten Nationen, keine dauerhaften multinationalen Eingreiftruppen und ständigen Verhandlungsplattformen zur Besprechung grenzüberschreitender Differenzen. Die Haager Konferenzen und Landkriegsordnungen standen zwar am Anfang einer völkerrechtlichen Entwicklung, die in die Zukunft wies. Doch diese Regelwerke fanden nicht ungeteilten Zuspruch, konnten unterschiedlich interpretiert werden und erwiesen sich als durchaus lückenhaft. Außerdem existierten keine fest gefügten Blöcke wie später die NATO oder

der Warschauer Pakt. Am Anfang des 20. Jahrhunderts suchte man vergeblich nach solchen Organisationen mit speziellen Hierarchien, Institutionen und Kommandostrukturen. Schließlich kam es ungeachtet des angesprochenen »Konzerts der Großmächte« nach wie vor auf die Einzelstaaten an. Diese aber begaben sich schrittweise in die Abhängigkeit ihrer Verbündeten und engten damit ihren Aktionsradius ein. So blieben die bilateralen Ausgleichsbemühungen aufs Ganze gesehen erfolglos, zumal die Regierungen, anders als in der Epoche des deutschen Reichskanzlers Otto von Bismarck bis 1890, nicht mehr über die Flexibilität verfügten, »jederzeit mit jedem gegen jeden zusammenzugehen«.

Allianzen und Strategien

Ein »System der Halbheiten« siedelte sich zwischen Tradition und Moderne, zwischen Autokratie und Demokratie, zwischen den alten Kabinettskriegen und dem kommenden Massenzeitalter an, war von einer beträchtlichen Unberechenbarkeit gekennzeichnet und bildete die Grundlage für einen bedrohlichen Polarisierungsprozess.

Ausgelöst hatte ihn nicht zuletzt das Hohenzollernreich, das seinen »Platz an der Sonne« einnehmen wollte und durch ein aggressives Auftreten als »kolonialer Nachzügler«, vor allem aber durch einen ambitionierten »Schlachtflottenbau« das britische »Empire« vergraulte. London sah sich nun zur Aufgabe seiner bisherigen »splendid isolation« veranlasst. 1904 schloss es mit Paris, 1907 mit St. Petersburg »Entente-Abkommen«. Nachdem das Zarenimperium zuvor bereits mit Frankreich »handelseinig« geworden war, gelang es den drei Mächten, bestehende weltpolitische Differenzen auszuräumen und zu einem Interessenausgleich zu gelangen.

Deutschland befand sich in einer teils selbst verschuldeten, teils durch fremdes Zutun verursachten Isolation. Lediglich mit Wien war Berlin durch den sogenannten »Zweibund« seit 1879 eng verbunden, während man Italien als später hinzugekommenen dritten Alliierten eher misstrauisch betrachtete. Das Apenninkönigreich erschien dem Habsburger- und dem Hohenzollernreich als unsicherer, immer wieder lavierender Bundesgenosse, den vor allem die k. u. k. Generalität eher als missliebigen Konkurrenten und möglichen Gegner einstufte.

Nicht bloß aus deutscher Sicht präsentierte sich aber auch die Donaumonarchie als zweifelhafter Partner. Immerhin stand der Großmachtstatus des schwächelnden Staatsgebildes längst zur Disposition. In dieser Lage beabsichtigte Wien, verlorenes Terrain wiedergutzumachen, indem man auf dem Balkan Stärke demonstrierte. Die serbischen »Provokateure« gewaltsam in die Schranken zu weisen wurde zur Prestigefrage, zum Fixpunkt und zur Obsession der österreichischen Strategie – vergleichbar mit dem Bedürfnis Berlins, sich der »Einkreisung« durch den »kriegsbereiten Feind« mittels eines Präventivschlags zu widersetzen.

Das alles sollte schnell gehen, um die potenziellen Kontrahenten im Zuge eines dynamischen Rüstungswettlaufes nicht unbezwingbare Kräfte sammeln zu lassen. In einer um sich greifenden Hektik wurden Entscheidungsabläufe von militärischen Allianzen und Aufmarschplänen bestimmt und gleichzeitig Chancen für diplomatische Konfliktlösungen erschwert. Dazu bedurfte es keineswegs des Diktats der Generalität. Vielmehr begannen sich die zivilen Führungen an den Richtlinien des »Kriegshandwerks« zu orientieren.

Ein »Kult der Offensive« mündete in taktische und strategische Planspiele. Ganz Europa befasste sich mit der Optimierung von Mobilmachungsmaßnahmen. Da Paris, wie man vermutete, rasch agieren würde, nahm der deutsche Generalstabschef Alfred von Schlieffen zunächst Frankreich ins Visier, das durch eine groß angelegte Umfassungsoperation im Nordwesten bezwungen werden sollte. Dann sahen die Dossiers Schlieffens vor, sich so schnell als möglich der russischen Front zuzuwenden. Dort wollten die »Mittelmächte«, die Deutschen und Österreicher, einander unter die Arme greifen, wobei sie sich in ihrem »Angriffsgeist« gegenseitig mehr versprachen, als sie dann tatsächlich zu halten vermochten. Das Zarenreich gab in der Zwischenzeit seine ursprüngliche Verteidigungshaltung auf, die vorgesehen hatte, Russisch-Polen westlich der Weichsel aufzugeben. Der Meinungsumschwung entsprach unter anderem den Wünschen der französischen Alliierten, in deren Vorkriegsdenken das Wort »defensiv« ein Synonym für Niederlage war.

Zeitdruck, Differenzen, Fehlkalkulationen

Solche Einschätzungen zeichneten sich jedoch fast überall durch eine auffallende Diskrepanz zwischen dem aus eigener Kraft Möglichen und dem für den Erfolg Notwendigen aus. Die Widersprüche wurden sogar thematisiert, förderten aber erst recht die Überzeugung, »ehebaldigst« den »Degen ziehen« zu müssen. Den Militärs in Berlin und Wien zufolge sollte nicht so lange gewartet werden, bis Frankreich und Russland womöglich überlegene Armeen aufzubieten hatten. Die Generalstabschefs Deutschlands und der Donaumonarchie, der Schlieffen-Nachfolger Helmuth von Moltke

(d. J.) und sein österreichischer Amtskollege Franz Conrad von Hötzendorf, trafen im Mai 1914 zusammen und bestärkten einander angesichts der forcierten gegnerischen Kraftanstrengungen in ihrem Pessimismus. Aufgrund der düsteren Aussichten blickte Conrad noch einmal zurück: 1908/09, während der »Annexionskrise«, hätte man einen bewaffneten Konflikt ins Auge fassen müssen. Damals war, so seine Ansicht, das Zarenreich vom russisch-japanischen Krieg und von revolutionären Unruhen im Inneren geschwächt. Selbst im Zuge der Balkankriege 1912/13 wären die Erfolgsaussichten, ergänzte der k. u. k. Stabschef, besser gewesen als 1914.

Trotzdem wollte man das »va banque-Spiel« wagen. »Jetzt oder nie!« – lautete die Devise, als die Nachricht von der Ermordung Franz Ferdinands und seiner Gemahlin aus Sarajevo eintraf. Im Juli 1914 wurde deutlich, dass es nicht viel brauchte, um einen »Flächenbrand« auszulösen. Es waren keine »Ohrenbläser« oder »pressure groups« nötig, keine nationalistischen Interessengruppierungen oder militaristisch eingestellte Gesellschaftsschichten, um die Regierenden zum Krieg zu drängen. Denn überall zeigte sich, dass Prestige und Ansehen, die Angst, seine Bündnispartner zu verärgern oder zu verlieren, und eine geradezu fahrlässige Tendenz, Politik mit anderen, gewaltsamen Mitteln fortzusetzen, höher im Kurs standen als Mäßigung, Kompromiss- und Friedensbereitschaft.

Die Dynamik der Bündnissysteme und die mentalen Vorbedingungen des späten 19. Jahrhunderts traten einmal mehr zutage, obwohl den Entwicklungen keine unabwendbaren Mechanismen der Eskalation zugrunde lagen, sondern klar identifizierbare Handlungen von Entscheidungsträgern. Offenkundig herrschte unter ihnen aber alles andere als Einigkeit. Divergierende Einschätzungen beruhten auf Spekulationen und vagen Zukunftsszenarien. »Wer regiert: Moltke oder Bethmann Hollweg?«, soll der k. u. k. Außenminister Leopold Berchtold gefragt haben, als Deutschlands Reichskanzler entgegen seiner bisherigen Strategie britischen Verständigungsversuchen zuneigte, der Generalstab des Hohenzollerneichs davon jedoch partout nichts wissen wollte.

Mit einer Stimme sprach man indes auch im Habsburgerreich nicht. Gegen die »Kriegspartei« stellten sich die Ministerpräsidenten Ungarns und Österreichs, Stefan Graf von Tisza und Karl Graf Stürgkh. Sie empfahlen, einen kühlen Kopf zu bewahren. Berchtold und Kaiser Franz Joseph, die sich zwischen zwei Lagern wähnten, holten nun erst einmal Stellungnahmen der deutschen Verbündeten ein. Von diesen brachte der k. u. k. Diplomat Alexander Graf von Hoyos dann den sogenannten »Blankoscheck« mit, die Unterstützung Berlins für ein bewaffnetes Vorgehen der Donaumonarchie gegen Belgrad. Anvisiert war damit vor allem eine Strafexpedition, ein kurzer und lokaler Konflikt, da Wilhelm II. und sein Umfeld die Zurückhaltung der übrigen Großmächte für wahrscheinlich hielten. Gerade der Zar, so die Überlegung, werde den »Mördern Franz Ferdinands«, eines Thronfolgers und zukünftigen Kaisers, nicht zur Seite stehen.

Fehlkalkulationen und Missmanagement dominierten unter solchen Umständen das Geschehen: Die rasche und räumlich begrenzte Aktion, wie von Wilhelm skizziert, ließ auf sich warten. Graf Tisza meldete Bedenken an: In Ungarn war man gelinde gesagt nicht eben darüber erfreut, mit der Besetzung und möglichen Aufteilung Serbiens das »südslawische Problem« des Habsburgerreichs noch weiter zu vergrößern. Die k. u. k. Armee erwies sich in indes als schlecht ausgerüstet. Nur ein geringer Prozentsatz der Rekruten war überdies ausgebildet. Soldaten wichtiger Einheiten hatte man weiters beurlaubt, um über den Sommer hinweg bei der Einbringung der Ernte zu helfen. Von einem sofortigen Einsatz der Streitkräfte konnte keine Rede sein, ebensowenig von der schnellen Übergabe des Ultimatums an die Belgrader Regierung. Noch zögerte Berchtolds Außenamt: Dem französischen Präsidenten Raymond Poincaré, der sich gerade auf Staatsbesuch in St. Petersburg befand, sollte keine Gelegenheit gegeben werden, die österreichischen Forderungen gegenüber den Serben unverzüglich mit dem russischen Entente-Partner zu besprechen.

Der Schritt ins Dunkle

Als dann die Regierung Pasić durchaus konziliant auf die Bedingungen des Habsburgerreiches antwortete, trat offen zutage, dass speziell Wien nicht viel an einer Beruhigung der Situation lag. Das Attentat von Sarajewo, bei dem das Thronfolgerpaar von den Kugeln des jungen bosnischen Serben Gavrilo Princip niedergestreckt worden war, hatte keineswegs direkt die große Katastrophe verursacht. Vielmehr diente es nun, nach fast einem Monat, als Vorwand, »endlich loszuschlagen«. Diese Haltung führte in wenigen Tagen zum Flächenbrand: Nachdem die Donaumonarchie am 28. Juli 1914 dem serbischen Königreich den Krieg erklärt hatte, stellte sich das Zarenimperium, anders als Wilhelm II. mutmaßte, sehr wohl hinter die »südslawischen Mörder«. Bestärkt wurde St. Petersburg von Paris, das im Ernstfall seine Bündnispflichten zu erfüllen beabsichtigte. Nikolaus II. mobilisierte seine Verbände an der österreichischen Grenze und am 30. Juli seine ganze Streitmacht. Dagegen opponierte Berlin, das unmissverständlich ein Eingreifen zugunsten Österreichs androhte. Nach schroffen Ultimaten zog das Hohenzollerneich am 1. beziehungsweise 3. August in den Kampf gegen Russland und Frankreich. Dem mehrmals modifizierten, aber in seinen Grundsätzen weiterhin geltenden Schlieffen-Plan entsprechend, setzten sich die deutschen Truppen unverzüglich in Bewegung. Dass sie die »Manöver« im Westen demgemäß auch mit dem Einmarsch in Belgien eröffneten, diente den bislang mit Verhandlungsvorschlägen aufwartenden Briten als ausreichender Grund, ab dem 4. August selbst zu den Waffen zu greifen.

Obwohl sich die Stimmen, die zur Besonnenheit rieten, zuletzt nirgendwo Gehör verschaffen konnten, weisen viele Geschichtsforscher doch nachdrücklich auf die Tragweite jener Beschlüsse hin, die in Berlin und Wien getroffen wurden. »Wir haben den Krieg angefangen, nicht die Deutschen, und noch weniger die Entente«, konstatierte ein k. u. k. Diplomat im Rückblick. Ähnlich formulierte es der Journalist Heinrich Kanner. »An seinem Ursprung, in Wien«, schrieb Kanner 1922, »ging der Kriegswille nur auf die Vernichtung Serbiens. Dies aber um jeden Preis, ohne Rücksicht auf den europäischen Frieden.«

Kaiser Franz Joseph sowie viele eingeweihte Mitarbeiter der militärischen und zivilen Führung im Habsburgerstaat waren sich der hohen Wahrscheinlichkeit eines »Großmachtkriegs« schon am Beginn der »Julikrise« bewusst.

Definition

Julikrise: Sie umfasst die Entwicklungen nach dem Attentat in Sarajewo bis hin zu den Mobilmachungen und schließlich zu den Kriegserklärungen. Die Julikrise mitsamt ihren komplexen Abläufen, im Zuge derer schließlich endgültig die Weichen Richtung Krieg gestellt wurden, war und ist Gegenstand zahlreicher historischer Untersuchungen.

Die damals getroffenen Entscheidungen der k. u. k. Eliten nehmen sich, wie manche Historiker kritisch anmerken, einigermaßen erklärungsbedürftig oder sogar vernunftwidrig aus. Bloß auf die Abrechnung mit einem südosteuropäischen Kleinstaat zu drängen, wies der Donaumonarchie eher die Funktion einer regionalen Macht zu. Damit schädigte man das ohnehin ramponierte internationale Ansehen zusätzlich. Das europäische Bündnissystem zu aktivieren, lief andererseits darauf hinaus, Österreich-Ungarn als »Juniorpartner« eines stärkeren Hohenzollernreiches vorzuführen. Auf diese Weise ließ sich dem Statusverlust ebenfalls nicht entgegenwirken. Zu alledem war für einen vermutlich verlustreichen Kampf an mehreren Fronten nicht vorgesorgt.

Am tatsächlichen Nutzen einer gewaltsamen Lösung hätte also gerade in Wien gezweifelt werden müssen. Das »va banque-Spiel«, von dem die Generalstäbler der Mittelmächte sprachen, stellte die Sinnhaftigkeit der k. u. k. Politik insgesamt auf die Probe. Doch die besser gerüsteten Deutschen ließen sich gleichfalls auf gefährliche »Hochrisiko-Strategien« ein. Das Zeitfenster, hieß es, sollte genutzt werden, solange es noch offen stand. Dabei war es durchaus unklar, ob es sich nicht schon geschlossen hatte. In jedem Fall kamen Hoffnungen, Erwartungshaltungen, fragwürdige Einschätzungen und unabsehbare Konsequenzen kaum oder nicht bedachter Zukunftsszenarien den Metaphern Robert Musils nahe: Eine durch die »Gassen streichende«, hier und dort »abgelenkte Geschichte« geriet an Stellen, die sie »weder gekannt hat noch erreichen wollte«.

Literatur

Afflerbach, Holger: Der Dreibund. Europäische Großmacht- und Allianzpolitik vor dem Ersten Weltkrieg. Wien/Köln/Weimar 2002.

Burkhardt, Johannes/**Becker**, Josef/**Förster**, Stig/**Kronenbitter**, Günther: Lange und kurze Wege in den Ersten Weltkrieg. Vier Augsburger Beiträge zur Kriegsursachenforschung. München 1996.

Ehlert, Hans/**Epkenhans**, Michael/**Groß**, Gerhard P. (Hg.): Der Schlieffenplan. Analysen und Dokumente. Paderborn/München/Wien/Zürich 2006.

Mombauer, Annika: The Origins of the First World War. Controversies and Consensus. London 2002.

Moritz, Verena/**Leidinger**, Hannes: Die Nacht des Kirpitschnikow. Eine andere Geschichte des Ersten Weltkriegs. Wien 2006.

Ponting, Clive: Thirteen Days. The Road to the First World War. London 2002.

Stevenson, David: The Outbreak of the First World War: 1914 in perspective. New York 1997.

Strachan, Hew: The Outbreak of the First World War. Oxford/New York 2004.

Blutvergießen

Nicht überall herrschte Kriegsbegeisterung. In vielen Fällen waren andere Stimmungen auszumachen. Sorgen und Ängste standen der Mobilmachung allerdings nicht im Weg: Zum einen gehorchten die meisten »Untertanen« widerstandslos. Zum anderen kam es zwischen maßgeblichen, bislang gegnerischen Gesellschaftsgruppierungen in den einzelnen Staaten zum nationalen Schulterschluss.

Unter solchen Umständen hatten in der Folge hauptsächlich Generäle das Sagen, die auf Offensivpläne und schnelle Entscheidungen setzten. Der rasche Sieg blieb den Angreifern jedoch überall verwehrt. Defensivstrategien erwiesen sich als erfolgreicher. An der Westfront ermöglichte der Stellungskrieg kaum noch Terraingewinne. Im Osten gab es zwar große Umfassungs- und Durchbruchsmanöver. Keiner der Kontrahenten vermochte jedoch den Feind militärisch in die Knie zu zwingen.

Das Kräftemessen wandelte sich zur Ressourcenschlacht, die durch den Kampf auf hoher See und in den Kolonien, vor allem aber durch den Kriegseintritt der USA an der Seite Frankreichs und Großbritanniens globale Ausmaße annahm.

Über Sieg oder Niederlage bestimmten letztlich Organisation, »Massenverwaltung« sowie materielle und personelle Reserven. Russland zerbrach an seinen inneren Gegensätzen. Die diskreditierte Zarenherrschaft endete in einer Revolution, welche schließlich zur Etablierung der Rätemacht führte. Der Sowjetregierung vermochten Berlin und Wien danach einen harten Frieden aufzuzwingen.

Wenig später befanden sich Deutschland und seine Verbündeten aber in einer aussichtslosen Lage. Erschöpfte und zerfallende Monarchien in Zentraleuropa und der Türkei suchten bei den überlegenen Westmächten um Waffenruhe an.

Das vierjährige Massenschlachten ging mit einer Schreckensbilanz zu Ende: Rund 15 Millionen Menschen waren ums Leben gekommen, viele Hunderttausende in Gefangenschaft geraten, Unzählige vermisst, verwundet, auf Dauer verkrüppelt und schwer traumatisiert.

Stimmungsvielfalt

Fröhlichkeit, Aufmärsche, Militärmusik, Tanzen im Freien, Feiern im Sonnenschein: Paris und London, Wien und Berlin, St. Petersburg und Moskau bildeten die Kulissen für patriotische Versammlungen. Was kürzlich die Menschen in den einzelnen Ländern noch trennte, wich nun dem nationalen Gemeinschaftsgefühl. Von jetzt an sollte es keine Parteien, Klassen oder Konfessionen, sondern nur noch »ein Vaterland« geben, meinte sinngemäß Wilhelm II., der die stürmischen Ovationen der kampfbereiten »Untertanen« ebenso entgegennahm wie die Staatsmänner und gekrönten Häupter anderer Großmächte.

Der martialische Taumel war kein Mythos. Illustrationen und Texte jener »bewegten« Augusttage des Jahres 1914 wirkten aus der Distanz von Dekaden und mit dem Wissen um den Blutzoll der Weltkriege mehr als gespenstisch. Die »Faszination des Verstörenden« mochte dazu beigetragen haben, dass man von einzelnen Begebenheiten auf die Gesamtstimmung schloss. Auch die Geschichtswissenschaft tendierte zu unkritischen Generalisierungen, obwohl sich das Phänomen begeistert in den Tod ziehender Massen keinesfalls verallgemeinern lässt. Getragen wurde die Euphorie vornehmlich von urbanen Schichten, Bildungsbürgern, Intellektuellen und nationalistischen Gruppierungen, die es verstanden, sich in Pose zu bringen und Gehör zu verschaffen.

Definition

August-Erlebnis: Dieses umschreibt eine generelle Kriegsbegeisterung, von der im August 1914 die gesamte deutsche Bevölkerung erfasst gewesen sein soll. Mittlerweile wurde von der historischen Forschung die zum Klischee gewordene allgemeine Zustimmung zum bewaffneten Konflikt entsprechend relativiert. Dies gilt auch für die Haltung der Bevölkerung in anderen kriegführenden Ländern. Trotz einer zweifellos zu beobachtenden Begeisterung für den Waffengang erscheinen Darstellungen, die andere oder gar gegenteilige Reaktionen negieren beziehungsweise ausblenden, als problematisch.

Bereits wenige Schritte entfernt von den Jubelkundgebungen sahen Beobachter nicht nur frohe, sondern eben auch besorgte Gesichter, herrschten Ernst und Bedrücktheit. In Deutschland wurden ähnliche Szenen registriert wie in der Donaumonarchie, und in Russland fragten sich viele Bauern, wozu sie ihr Dorf verlassen und wofür sie eigentlich ihr Leben riskieren sollten.

Schulterschluss

Dass die Mobilmachung in ganz Europa ohne größere Widerstände ablief, lag an mehreren Faktoren. Zum einen zeigten sich die Soldaten und ihre Angehörigen fügsam. Auch ohne Hochgefühl waren sie in der Regel loyal und gehorsam gegenüber den Obrigkeiten. Zum andern schafften es Entscheidungsträger, die eigene Bevölkerung von der Notwendigkeit der Landesverteidigung zu überzeugen. Während Gegenmeinungen kaum mehr eine größere Öffentlichkeit erreichten, verbreitete sich das allseits geförderte Gefühl, das »Schwert« gegen »grimmige Aggressoren« zu ziehen. Die Vorstellung, im Recht zu sein, Verwandte und Freunde, Besitz und den gewohnten »Lebensstil« gegen »räuberische« und »anmaßende Feinde« zu schützen, trug dazu bei, auch bislang einflussreiche pazifistische Strömungen zu schwächen. Mit dem Hinweis auf die Bedrohung durch den preußischen Militarismus einerseits und den zarischen Despotismus andererseits war es sowohl in Frankreich als auch in Deutschland und Österreich möglich, einen Meinungsumschwung unter jenen herbeizuführen, die sich am Entschiedensten gegen Gewaltlösungen ausgesprochen hatten und noch im Sommer 1914 für ihre Überzeugungen auf die Straße gegangen waren. So gelang es, die meisten Sozialisten auf den Kurs der Regierungen einzuschwören. Die Konsequenzen machten sich in den Parlamenten bemerkbar. Mit Ausnahme des Wiener Reichsrates, der bereits einige Monate zuvor suspendiert worden war, bewilligten die Volksvertretungen in Berlin, London, Paris und St. Petersburg Gesetzesvorlagen zur Finanzierung des Krieges und zur entsprechenden Umgestaltung der Wirtschaft.

Speziell unter den Repräsentanten der Arbeiterbewegung im Hohenzollernreich und in der Donaumonarchie mochte es Zweifel an den lauteren Absichten der eigenen Staatsführungen geben. Vorläufig aber sollten die innenpolitischen Differenzen beigelegt werden. Den Erwägungen über die Erfordernisse des Augenblicks mengten einige Sozialdemokraten das Kalkül bei, durch ein Zusammengehen mit den Machthabern in absehbarer Zeit soziale und politische Reformen durchsetzen zu können. In Frankreich und Großbritannien ging die Allianz zwischen an sich konkurrierenden Parteien sogar noch weiter. Hier übernahm die wesentlich besser etablierte Linke auch Ministerressorts.

Die nächsten Jahre sollten vor Augen führen, dass die Herrschaftsstrukturen der kriegführenden Länder beträchtliche Unterschiede aufwiesen. In Paris und London kontrollierten auf lange Sicht Parlamentarier und damit bisweilen auch kritische Oppositionelle die Militärs, welche sich ihrerseits nicht über die zivilen Regierungsspitzen hinwegzusetzen vermochten. Die deutsche Oberste Heeresleitung erweiterte hingegen ihre Befugnisse immer mehr, prägte damit das Gemeinschaftsgefüge viel nachhaltiger und verlangte auch dem Hinterland Pflichten ab, die in Österreich-Ungarn oder im Zarenreich nur teilweise und bei den Westmächten in noch geringerem Ausmaß bestanden.

Ungeachtet dessen war mit den amtlichen Anweisungen, gesellschaftlichen Entwicklungen und Vorkehrungen überall, wenn auch in verschiedener Intensität, eine Basis für den nationalen Schulterschluss geschaffen. »Union Sacrée«, »Truce Policy« und »Burgfrieden« hießen die Schlagworte, mit denen die einzelnen Länder emotionelle und organisatorische Grundlagen für die kommenden Feldzüge schufen.

Angriff und Ernüchterung

Von nun an übertönte Schlachtenlärm den Jubel und die Stimmungsvielfalt vom August 1914. Der Offensivgeist, dem nicht nur die Armeekommanden seit Jahren gehuldigt hatten, kam vorerst voll zur Geltung. Blitzartig sollten die Attacken erfolgen, vorgetragen wie Hammerschläge.

Und tatsächlich schienen sich die strategischen Träume der deutschen Obersten Heeresleitung (OHL) unter Helmuth von Moltke zu erfüllen. Dem Furor der Hohenzollerntruppen hatte die Entente anfangs wenig entgegenzusetzen. Im Westen waren sieben deutsche Armeen angetreten, die wie Sensen von der nördlichen Flanke her alles niedermähten und in einem gewaltigen Manöver Paris umfassen sollten. Damit, dachten die Generäle von Kaiser Wilhelm II., säßen die Franzosen in der Falle. Deren »Großes Hauptquartier« unter Joseph Joffre war indes den Vorkriegsdoktrinen treu geblieben. Auch hier begnügte man sich nicht mit der Defensive. Joffres Einheiten überschritten die Grenze zu Lothringen, das 1871 an den »germanischen Erzfeind« gefallen war, blieben in der Folge aber im gegnerischen Abwehrfeuer stecken. Schließlich kam die Order, kehrt zu machen.

Das Schicksal der »Grande Nation«, wurde verlautbart, hänge von den Erfolgen an der Marne unweit von Paris ab. Hier hatte sich die Spitze der deutschen Angriffswellen unter dem Befehl Alexander von Klucks hauptsächlich durch Verluste, länger werdende Nachschublinien und die mangelnde Unterstützung zusätzlicher Kräfte gezwungen gesehen, südöstlich abzubiegen und nicht mehr, wie eigentlich geplant, die Hauptstadt Frankreichs einzukreisen. Dessen neu aufgestellte 6. Armee bewegte sich daraufhin auf die Einheiten Klucks zu, der den Vorstoß zwar parierte, die Verbindung zu den benachbarten Hohenzollernverbänden unter Karl von

Bülow aber verlor. In eine Lücke von 40 Kilometer marschierten, ohne sich dessen wirklich bewusst zu sein, das britische Expeditionskorps und die französische 5. Armee. Die Truppen Klucks und Bülows waren damit gleichermaßen bedroht. Ein Repräsentant des OHL, Oberstleutnant Richard Hentsch, der vom zu weit entfernten Moltke entsandt worden war, um die Lage zu erkunden, sah sich – ebenso wie einige seiner Gesprächspartner im Kampfgebiet an der Marne – genötigt, ein »freiwilliges, konzentrisches Zurückweichen« einzuleiten.

Der Beschluss führte zum allgemeinen Rückzug. Das verzweifelte Ringen um weitere Durchbruchserfolge mündete auf beiden Seiten der Front in eine hektische Suche nach offenen Flanken und ging in die Geschichte als »Wettlauf zum Meer« ein. Entscheidende Erfolge konnte keiner der Kontrahenten für sich verbuchen. Die Marschkolonnen machten halt und verharrten in Verteidigungspositionen. Im November 1914 zog sich eine 750 Kilometer lange, ununterbrochene »Schützengrabenlinie« von der Nordsee bis zur Gebirgsgrenze der neutralen Schweiz.

Aus der Sicht der deutschen Heeresleitung, deren Führung nun anstelle Moltkes Erich von Falkenhayn übernahm, hatte man in mehreren Belangen die Annahmen des Schlieffen-Planes missachtet. Durch Attacken in Lothringen und Truppenverlegungen nach Ostpreußen waren maßgebliche Kräfte andernorts gebunden worden und notwendige Verstärkungen nicht zuletzt für Alexander von Kluck ausgeblieben. Dass Kluck damit auch die ursprünglichen Bestrebungen einer Umzingelung von Paris aufgeben musste, verwies allerdings auf tiefer liegende Probleme. Materiell, taktisch und strategisch, kommunikations- und waffentechnisch gerieten die Angreifer vielfach ins Hintertreffen, erwiesen sich Defensivkonzepte zielführender als die anfänglich bevorzugten Offensivpläne.

»Weißbluten«

Auch an den östlichen Kriegsschauplätzen machte man ähnliche Erfahrungen. Die k. u. k. Soldaten trafen auf eine entschlossene Gegenwehr der Serben, die um ihre Heimat mit Landeskenntnis und höherer Kampfmoral erbittert rangen. Die österreichisch-ungarischen Invasoren scheiterten zunächst. Sie eroberten Serbien erst im Spätherbst 1915 mit deutscher und bulgarischer Unterstützung, nachdem Sofia sich bereit erklärt hatte, dem Bündnis zwischen Wien und Berlin beizutreten.

Die ohnehin infrage gestellte Schlagkraft der Donaumonarchie schwand aber vor allem angesichts der Herausforderung durch die Zarenarmee im

Nordosten. Das k. u. k. Armeeoberkommando unter Franz Conrad von Hötzendorf glaubte dennoch, die Initiative übernehmen und Truppen aussenden zu müssen, um die polnischen Bahnlinien zu unterbrechen und dem gegen Ostpreußen vormarschierenden Gegner in den Rücken zu fallen. Statt eines Prestigeerfolges verzeichnete Conrad schließlich demütigende Gebietsverluste, während sich auch die Russen ihres Triumphs kaum erfreuen konnten. Deren 1. und 2. Armee unter Pawel von Rennenkampf und Alexander Samsonow wurden von den deutschen Verteidigern unter Paul von Hindenburg und seinem Stabschef Erich Ludendorff geschlagen. Nachdem seine Verbände eingekesselt und aufgerieben worden waren, nahm sich Samsonow das Leben. 92.000 Angehörige der Romanowarmee gerieten nach offiziellen Angaben des Hohenzollernreichs in Gefangenschaft, weitere 50.000 waren verwundet oder gefallen. Infolge des deutschen Siegs bei Tannenberg machten die Einheiten Rennenkampfs gleichfalls kehrt. Am 13. September 1914 zogen sie sich auf das Territorium des Zarenimperiums zurück.

Obwohl die Front im Osten durchlässiger war, scheiterten auch hier häufig ambitionierte Vorstöße in feindliche Regionen. Ein Umdenken der Generäle war jedoch kaum festzustellen. Signifikanterweise hofften Militärs trotz der bisherigen Erfahrungen gerade im Westen auf die Erstürmung und Überwindung der gegnerischen Bastionen. Selbst die zunehmende materielle Überlegenheit der Entente verbesserte die diesbezüglichen Voraussetzungen nur unwesentlich. Neben Artilleriebeschuss und der Besetzung erhöhter Positionen setzten nämlich speziell die Deutschen auf eine sogenannte »elastische« Defensive, bei der die vordersten Gräben zugunsten unregelmäßig angelegter und schwer aufzuklärender MG-Nester in Kratern aufgegeben wurden. Die Angreifer mussten ungeheure Opfer auf sich nehmen. Das französische Heer verlor bei Großoffensiven in der Champagne und im Artois allein zwischen Dezember 1914 und Oktober 1915 240.000 Mann. An der Somme waren es zwischen Juli und Ende November 1916 mehrheitlich britische Freiwillige, die vergeblich gut ausgebaute Unterstände und festungsartige Gebäude der Hohenzollerntruppen einzunehmen versuchten. Bei minimalen Geländegewinnen zahlten die Kampfverbände einen fürchterlichen Blutzoll. Die Westmächte beklagten mehr als 620.000, die Deutschen rund 465.000 Tote und Verwundete. Zuvor hatten die Generäle Kaiser Wilhelms gehofft, durch ähnlich blutige Attacken auf die Sperrforts und Zwischenwerke bei Verdun wieder Bewegung in den Krieg zu bringen. Im Nachhinein behauptete der OHL-Chef Erich von Falkenhayn, er habe die Franzosen als »Festlanddegen« Großbritanniens durch Abnutzungs- und Materialschlachten zum »Weißbluten« bringen und gewissermaßen verhandlungsbereit schießen wollen. Vielleicht war es aber doch eher der Wunsch, Revanche für die Schlappe an der Marne 1914 zu nehmen. Die Operationen bei Verdun vom Februar bis zum Juli 1916 kosteten jedenfalls schätzungsweise 420.000 Soldaten das Leben, weitere 800.000 wurden mehr oder minder schwer verletzt. Als Sinnbild des industrialisierten Massenschlachtens, als »Selbstmord der Völker«, prägten sich diese Kämpfe in das europäische Bewusstsein ein. Militärisch bewirkten sie wenig, auch wenn in ihnen vor allem Frankreich ein Symbol seiner Widerstandsfähigkeit erkannte.

In der Offensive warteten auf die »Grande Nation« allerdings weitere Enttäuschungen. Trotz erstmaligen Einsatzes von Tanks missglückte der Angriff der Entente im Frühjahr 1917. Die nach dem französischen Oberkommandierenden Georges Robert Nivelle benannten Operationen endeten mit dessen Absetzung. Hohe Opferzahlen paralysierten Nivelles Einheiten über Wochen gleichermaßen wie die Zunahme von Befehlsverweigerungen. Mit Fortdauer des Blutvergießens häuften sich bei den Kriegsparteien Desertionen und Meutereien. Die Entscheidung über Sieg und Niederlage aber hing immer offensichtlicher von den Ressourcen und nicht vom Wagemut der Mannschaften oder vom taktisch-strategischen Geschick der vorgesetzten Kommanden ab. Bei deutlich schlechterer Versorgungslage gegenüber dem erstarkenden Gegner wagten die Deutschen noch im März und April 1918 trotz alledem Durchbruchsversuche, deren operative Ziele ungeachtet einiger bemerkenswerter Geländegewinne wieder nicht erreicht wurden.

Bewegung

Zur Aufrechterhaltung des Offensivgeistes bis zum vierten Kriegsjahr hatten in keinem geringen Maß die Ereignisse in anderen Kampfgebieten beigetragen. Am 23. Mai 1915 trat Italien auf der Seite der Entente in den Krieg ein. Der neue Verbündete, dem man für sein militärisches Engagement im Londoner Geheimvertrag unter anderem Gebiete bis zum Brenner, Dalmatien und die Souveränität über den ägäischen Dodekanes zugesagt hatte, eröffnete einen Monat danach die erste der insgesamt zwölf Isonzoschlachten gegen Österreich-Ungarn und Deutschland, die von nun an weitaus öfter und mit noch größerer Berechtigung als europäische »Mittelmächte« bezeichnet wurden. Zwischen ihnen und dem Apenninkönigreich kam es zwar in den nächsten beiden Jahren zu erbitterten Gebirgskämpfen ohne nennenswerte Erfolge. Im Oktober 1917 aber schafften

k. u. k. Einheiten mithilfe und gestützt auf die Planung der Hohenzollerntruppen den Durchbruch zwischen Flitsch und Tolmein.

Gemeinsam rückte man bis an die Piave vor, ein »Triumph«, der angesichts der ökonomischen Krise speziell in der Donaumonarchie als Pyrrhussieg gelten durfte, durch die Geschehnisse an der Ostfront jedoch Hoffnungen auf größere und endgültige Erfolge nährte. Dort erstreckten sich die bewaffneten Auseinandersetzungen nicht »nur«, wie im Westen, auf einen Gebietsstreifen von mehr als 700, sondern auf 1600 Kilometer zwischen der Ostsee und dem Schwarzen Meer, nachdem sich auch Rumänien im August 1916 den Gegnern der Mittelmächte angeschlossen hatte. Kurz davor, im Winter 1915/16, brachte es nach späteren Forschungen das Romanowimperium auf eine Truppendichte von 1200 Soldaten pro Frontkilometer, während Russlands Alliierte im Westen auf der gleichen Länge über 2100 einsetzten. Weiteren Berechnungen zufolge gab es hier auch um zwei Drittel mehr Gewehre als auf den Kampfschauplätzen der Zarenarmee.

Der Krieg im Osten Europas blieb daher in »Bewegung«, obwohl die Geografie, das Klima und die Weite des Landes in Anbetracht der rudimentären Motorisierung, der Nachschub-, Versorgungs- und Kommunikationsprobleme, aber auch der bloßen Erschöpfung von Kampfverbänden nach »Gewaltmärschen« groß angelegte Angriffsoperationen erschwerten. Trotz aller Hindernisse und Widrigkeiten führten Offensiven dennoch immer wieder zu beachtlichen Terraingewinnen, gelangen Umfassungsmanöver, bei denen ganze Armeen gefangen genommen wurden.

Anfang Mai 1915 etwa geriet aufgrund des deutsch-österreichischen Durchbruchs bei Tarnów-Gorlice die russische Front ins Wanken. In wenigen Wochen war das von den Truppen Nikolaus II. okkupierte Galizien zurückerobert. Die anschließenden Vorstöße des deutschen Oberkommandos im Osten, kurz »Oberost«, führten zur Eroberung von Russisch-Polen und von Teilen des Baltikums. Im Gegenzug vernichteten im Juni 1916 Einheiten der Zarenarmee unter General Alexej Brussilow zwei k. u. k. Armeen und brachten rund 200.000 Feindsoldaten in ihren Gewahrsam. Weitere Formationen der Donaumonarchie waren schwer angeschlagen. Dennoch liefen sich Brussilows Frontalangriffe tot, die im Süden bis an die nach Ungarn führenden Karpatenpässe heranreichten.

Als die Gegenseite Lücken in den Abwehrstellungen schloss und nachfolgende Attacken abwies, erklärte nun die Bukarester Regierung der Habsburgermonarchie den Krieg. Rumänien, das hauptsächlich die Einnahme Siebenbürgens anvisierte, rief damit einen gemischten Verband der Mittelmächte auf den Plan, der von Bulgarien aus agierte, sah sich gleichzeitig aber durch österreichisch-ungarische Operationen im Norden herausgefordert. Der Zangenangriff endete innerhalb weniger Monate mit dem Rückzug der rumänischen Armee nach Moldawien. Ihre Gegner marschierten Ende 1916 in Bukarest ein. Danach blieb es auf dem Balkan verhältnismäßig ruhig: Zwar erkannten Wien und Berlin die potenzielle Gefahr der bei der Hafenstadt Saloniki zusammengezogenen Streitkräfte der Entente. Diese blieben aber bis zum Herbst 1918 weitgehend passiv, beeinflussten jedoch ein innenpolitisch zutiefst gespaltenes Griechenland, das sich im Sommer 1917 zum Bündnis mit den Westmächten entschloss.

Damals blickte die Weltöffentlichkeit allerdings insbesondere nach St. Petersburg. Dort war der Zar gestürzt worden und eine neue Staatsführung gegen den um sich greifenden Friedenswillen im untergegangenen Romanowimperium bereit, die Allianz mit Paris und London aufrechtzuerhalten. Alexander Kerenskij, seit Mai Kriegsminister und seit Juli Premier, entschied sich, die Armee zu einer letztlich erfolglosen Offensive antreten zu lassen, durch die das bereits destabilisierte Land vollends im Chaos zu versinken drohte. Kerenskij geriet schließlich auch mit den Militärs in Konflikt. Die gegen weitere Kampfhandlungen opponierenden Bolschewiki unter Wladimir I. Lenin hingegen erhielten vor diesem Hintergrund regen Zulauf. Sie wagten im Oktober 1917 die Machtergreifung. Das Entstehen der Räterepublik führte unverzüglich zur außenpolitischen Trendwende. Im Dezember 1917 schwiegen die Waffen im Osten.

Übermäßige Forderungen der bisherigen Kriegsgegner verursachten innerhalb der nun etablierten Sowjetführung jedoch Differenzen. Die von den Deutschen dominierten Mittelmächte setzten die Verhandlungspartner unter Druck. Sie okkupierten die westlichen Grenzgebiete, das Baltikum, Weißrussland sowie die Ukraine, und zwangen Russland im Vertrag von Brest-Litowsk, gewaltige territoriale Verluste hinzunehmen.

Definition

Die Russischen Revolutionen 1917 und die Friedensfrage: Nach der Februarrevolution und dem Sturz des Zaren bildete sich eine Provisorische Regierung, die trotz wachsender Kriegsmüdigkeit der Bevölkerung die Kampfhandlungen an der Seite der Verbündeten fortsetzte. Die Bolschewiki unter Lenin hingegen plädierten für ein Ende des »imperialistischen Krieges« und vermochten nicht zuletzt auf diese Weise, kampfmüde Soldaten und weite Teile der Bevölkerung, die unter der Last des bereits mehrjährigen Konfliktes zu leiden hatten, anzusprechen. Nach der Oktoberrevolution bemühten sich die neuen Machthaber sogleich um die Herbeiführung eines Waffenstillstandes.

Verhärtung und Ansprüche

Das Hohenzollernreich hatte aufgrund der Ereignisse zur Jahreswende 1917/18 sehr viel später als erwartet und unter gänzlich geänderten Bedingungen dem Zweifrontenkrieg ein Ende bereitet. Nicht zufällig waren es die Generäle Kaiser Wilhelms, die Lenin aus dem Schweizer Exil nach St. Petersburg reisen ließen und von ihm den Umschwung erhofften. Weltanschaulich wesentlich kompatibler als die bolschewistischen »Umstürzler« wären jedoch für eine Verständigung aus Berliner Sicht die Repräsentanten des imperialen Russland gewesen. Vielleicht hätte Nikolaus II. sowohl seinen Thron und seine Regierung als auch seine Familie und sich selbst retten können, wenn er auf die Separatfriedensangebote der Mittelmächte eingegangen wäre. Der Zar hielt sich hingegen an das Übereinkommen der Ententestaaten, die sich immer fester zusammenschlossen und getrennte Gespräche mit den Feinden ablehnten.

Ein Ende der Gefechte an allen Fronten erörterten auf deutscher Seite indes weder Kanzler Theobald von Bethmann Hollweg noch Erich von Falkenhayn. Im August 1916 wurde Letzterer zudem an der Spitze der Obersten Heeresleitung von Paul von Hindenburg und Erich Ludendorff abgelöst, die mit atemberaubenden Annexionsplänen und dem Wunsch nach einem »totalen Sieg« aufwarteten. Dabei waren maßgebliche Entscheidungsträger schon nach der Marne-Schlacht 1914 pessimistisch gewesen. Den Krieg hielten einige bereits für verloren. Davon aber erfuhr die Öffentlichkeit nichts.

Im Gegenteil: Auch Bethmann Hollweg wollte sich keinesfalls um Beute und Trophäen bringen lassen. Französische Territorien sollten seiner Auffassung nach an das Deutsche Reich fallen, für das er obendrein die Kontrolle über Belgien und über weitere Gebiete anstrebte. In durchaus imperialistischer Manier verwirklichten Hindenburg und Ludendorff wiederum ab 1916 ihre Ostpläne, wobei sie auch dem damals von den Mittelmächten geschaffenen »Königreich Polen« gerade einmal den Status eines Vasallen zubilligten.

Wien und Berlin, in der Frage einer künftigen Anbindung Warschaus an die Donaumonarchie und das Hohenzollernreich alles andere als einig, mussten im Übrigen bald erkennen, dass die Polen von der Entente wesentlich mehr zu erwarten hatten. Das revolutionäre Russland bot ihnen nach der Abdankung des Zaren die Unabhängigkeit, die Westmächte sahen sie als Partner und versprachen die Wiedererrichtung ihres Staates.

Anfangs eher diffus bezüglich der Zielsetzungen, nahmen die Zukunftspläne der Westmächte unter solchen Bedingungen Konturen an.

Paris wollte seit Dezember 1917 der deutschen Expansion im Osten mit der Schaffung eines »Staatengürtels« entgegentreten. Schon zuvor war über die Rückeroberung des 1871 verlorenen Elsass hinaus die Errichtung vorgeschobener »Vasalleneinheiten« am Rhein erwogen worden. Neben hohen Reparationszahlungen angesichts der zerstörten Gebiete und der Versorgung von Invaliden, Witwen und Waisen dachten französische Militärs sogar über die letztlich verworfene Variante nach, Deutschland in neun Zonen zu zerlegen.

Globale Dimensionen

Großbritannien, dessen Bedeutung mit Fortdauer des Blutvergießens wuchs, entwickelte demgegenüber zwar keine territorialen Ambitionen auf dem europäischen Kontinent. Umso nachdrücklicher visierte London aber den Erwerb von deutschen Kolonien sowie von Teilen des Osmanischen Reiches an, das sich im Herbst 1914 den Mittelmächten angeschlossen hatte. Vor diesem Hintergrund versuchten die Briten nach fehlgeschlagenen Marineoperationen bei den Dardanellen ihr Ansehen zu wahren, indem sie ab April 1915 gemeinsam mit Franzosen, Australiern und Neuseeländern zur Landung auf dem türkischen Festland ansetzten. Das verlustreiche Unternehmen von Gallipoli endete allerdings aus dem Blickwinkel der Alliierten mit einem »blamablen« Fehlschlag, bei dem sie 150.000 Mann verloren.

Die Türken, die doppelt so hohe Opferzahlen verzeichneten, waren unterdessen gezwungen, nach gescheiterten Expeditionen am Suezkanal die Halbinsel Sinai zu räumen. Verstärkt durch deutsche und österreichisch-ungarische Kontingente hielten sie trotz des englischen Einmarsches in Jerusalem Ende 1917 die Palästinafront, die erst im September 1918 endgültig zusammenbrach. Schließlich musste sich auch das »Asienkorps« der Hohenzollernarmee ergeben, nachdem es mit osmanischen Verbänden vergeblich versucht hatte, das von den Briten im März 1917 eingenommene Bagdad zurückzuerobern.

Obwohl der Krieg im Kern an Europas Fronten ausgetragen und entschieden wurde, nahm er aufgrund der kolonialen Interessen zwangsläufig globale Dimensionen an. Die Großmächte entschieden in diesem Zusammenhang eigenmächtig über das weitere Schicksal der betroffenen Bevölkerung. Frankreich mobilisierte Zehntausende Männer in Westafrika und im Maghreb. Die bei innenpolitischen Angelegenheiten weitgehend souveränen Parlamente der britischen Dominions wurden von den englischen Gouverneuren nicht einmal angehört, als es um die Entscheidung über den Kriegseintritt an der Seite des Mutterlandes ging. Alles andere als zimperlich verhielten sich auch die Offiziere Kaiser Wilhelms, wenn sie Hilfskräfte rekrutierten, um gegen die Briten zu Felde zu ziehen.

London war schon am 5. August 1914 entschlossen, dem Gegner die außereuropäischen Besitzungen abzujagen. Zu schweren Gefechten kam es dann hauptsächlich in Deutsch- und Britisch-Ostafrika. Unter Einsatz Hunderttausender »Eingeborener«, die als Soldaten und Träger Verwendung fanden, bekämpften sich die Kontrahenten bis 1918. Eine Schutztruppe der Hohenzollernarmee unter Oberstleutnant Paul von Lettow-Vorbeck stand dabei englischen, belgischen, indischen, »weißen« südafrikanischen und »schwarzen« Einheiten gegenüber, wobei die deutsche Guerilla- und Abnutzungstaktik einen hohen Blutzoll forderte. Aufseiten der Entente kamen fast 100.000 Träger ums Leben. Seuchen und Hungersnöte brachen aus. Die gesamte Region wurde wirtschaftlich schwer in Mitleidenschaft gezogen.

Lettow-Vorbeck, der erst Ende November 1918 kapitulierte, zog sich darüber hinaus zeitweilig nach Mosambik zurück, wodurch es auch zu gewaltsamen Auseinandersetzungen mit portugiesischen Verbänden kam. Lissabon befand sich seit März 1916 im Krieg mit den Mittelmächten, die sich außerdem bereits seit Ende August 1914 eines weiteren Gegners zu erwehren hatten: Tokio stärkte gemäß älterer Bündnisse die Entente und sollte mit seinen Einheiten nach den Strategien Londons in China und im Pazifikraum aktiv werden. Tatsächlich zwangen japanische Truppen im November 1914 deutsche Formationen in Tsingtau, die Waffen zu strecken.

Ansonsten dominierten im Wettlauf um die ozeanischen Stützpunkte des »wilhelminischen« Reiches allerdings die Australier und Neuseeländer. »Nippon« konzentrierte sich als erstarkendes Kaiserreich hingegen auf seine imperialistischen Ziele in China, wogegen wiederum die Vereinigten Staaten von Amerika Einspruch erhoben. Am Horizont dämmerte die pazifische Konfrontation zwischen Japan und den USA herauf. Damit traten abseits der kolonialen Konflikte zwei Machtfaktoren in Erscheinung, welche die bisherige Kräftekonstellation relativierten und dem Krieg ein noch globaleres Gepräge verliehen.

Seekrieg

In diesem weltweiten Ringen wähnte sich Berlin insofern im Nachteil, als es der Entente besser gelang, seine außereuropäischen Interessen zu wahren. Dabei spielte vor allem auch die Kontrolle der Seewege eine herausragende Rolle. Gefechte vor Helgoland, auf der Doggerbank und bei den Falklandinseln schienen diese Machtverhältnisse zu bestätigen, auch wenn sich Großbritannien seiner Stellung als maritime Hegemonialmacht noch nicht sicher sein konnte. Ende Mai 1916, beim einzigen größeren und bedeutenderen Aufeinandertreffen der gegnerischen Flotten im Skagerrak, konnte sich letztlich keine Seite durchsetzen. Die Schlacht mochte auf deutscher Seite als Prestigegewinn und als taktisch zufriedenstellendes Manöver gewertet werden. Insgesamt aber behielt England die Oberhand. Die Royal Navy befand sich in der besseren Position. Ihre schwerpunktmäßig in Scapa Flow dislozierte »Grand Fleet« fungierte vornehmlich als Bedrohungspotenzial. Die Hochseeflotte des Hohenzollernreiches aber war nicht in der Lage, den Sperrgürtel zwischen Schottland und Norwegen aufzubrechen.

Sowohl an den Fronten der Landarmeen als auch bei der Beherrschung der Ozeane wurde klar, dass sich das blutige Massentöten in eine erbitterte Ressourcenschlacht verwandelte. Die Kriegsparteien wirtschafteten vor diesem Hintergrund in die Taschen der Amerikaner, die ihre Industrie mit Rüstungsgütern für Europa aus der Depression führten. Hauptnutznießer der ökonomischen Verbindungen war die Entente. Sie berief sich gegenüber den USA auf gemeinsame Werte, setzte Neutrale zum Vorteil des eigenen Handels unter Druck und zielte mit ihrer Blockadepolitik auf Versorgungsengpässe der Mittelmächte.

Das Hohenzollernreich, welches durch den Überwasser-Handelskrieg alliierte Güter im Umfang von 620.000 Bruttoregistertonnen vernichtete, vertraute deshalb auf die effektiveren U-Boote. Sie versenkten insgesamt mehr als 5.500 Schiffe der Neutralen und der Kriegsgegner mit über 12 Millionen Bruttoregistertonnen. Winston Churchill, bis 1915 Erster Lord der Admiralität sowie Kolonial-, Handels-, Innen- und Marineminister Großbritanniens, befürchtete angesichts der Entwicklungen bereits die Niederlage seines Landes.

Als Churchill Mitte 1917 im Kabinett des Premiers David Lloyd George das Amt des Rüstungsministers übernahm, stellte sich die Situation allerdings bereits wieder anders dar. Schon 1915 hatten die Deutschen den britischen Dampfer »Lusitania« zerstört, dabei auch mehr als hundert US-Bürger getötet und somit erhebliche Spannungen zwischen Berlin und Washington ausgelöst. Die Regierung Kaiser Wilhelms entschloss sich daraufhin zu völkerrechtskonformem Verhalten, stellte die Angriffe auf englische Schiffe zeitweilig überhaupt ein und bediente sich sogar des amerikanischen Präsidenten Woodrow Wilson als Friedensvermittler. Wilson aber hatte Anfang 1917 keinen Grund, den Mittelmächten gegenüber Entgegenkommen oder Neutralität an den Tag zu legen. Die OHL unter Hindenburg und Ludendorff glaubte erneut das Leben von unschuldigen Passagieren aufs Spiel setzen zu müssen, um mit wahllosen Torpedierungen im »uneingeschränkten U-Boot-Krieg« die Entente in die Knie zu zwingen. In den Vereinigten Staaten wandte sich die öffentliche Meinung gegen Berlin, dessen Gesandter in Mexiko obendrein angewiesen wurde, die dortige Regierung zu einem gegen die USA gerichteten Bündnis zu überreden. Kurz danach bewilligte der Kongress in Washington die Bewaffnung amerikanischer Handelsschiffe. Als mehrere von ihnen ohne Warnung durch deutsche Unterseeboote versenkt wurden, erklärten die Vereinigten Staaten dem Hohenzollernreich am 6. April 1917 den Krieg.

»Endkampf«

Im Rückblick empfanden Zeitzeugen und Historiker diesen Moment als richtungweisend, weil ansonsten, wie betont wurde, keine der beiden verfeindeten Koalitionen über die Pattstellung im Westen hinweggekommen wäre. Britische Geschichtsforscher hoben darüber hinaus hervor, dass sich die Entente mit Blick auf ökonomische Abhängigkeiten, Kriegslieferungen, Verschuldungen, Währungs- und Börsenkurse Ende 1916 in einer miserablen ökonomischen Lage befand. Die Attacken deutscher U-Boote, die Amerika zu den Waffen greifen ließen, sicherten nach ihrer Meinung daher weitere US-Kredite und retteten die See- beziehungsweise Wirtschaftskriegsstrategie der Westmächte.

Die Vereinigten Staaten, die eine gewisse Eigenständigkeit wahrten und als »assoziierte Macht« den Franzosen und Engländern unter die Arme griffen, bewirkten jedenfalls auf lange Sicht eine enorme Kräfteverschiebung zuungunsten der Mittelmächte. Während sich Washington im Dezember 1917 auch gegen die Donaumonarchie wandte, waren Berlin und Wien bei Kriegsende überdies mit der Feindschaft der meisten lateinamerikanischen Länder konfrontiert, welche auf die Linie der USA einschwenkten. Wurden dadurch jedoch augenblicklich keine weiteren Schwerpunktverlagerungen bewirkt, so machte sich an der Westfront die Überlegenheit der Alliierten von Woche zu Woche deutlicher bemerkbar.

Bis Juli 1918 verlegten die Vereinigten Staaten über eine Million Soldaten nach Europa. Zur zahlenmäßigen Stärke kamen die materiellen und technologischen Vorteile. Waren die meisten Armeen 1914 mit zwei Maschinengewehren pro Bataillon ausgerüstet, verfügten diese Einheiten bei den Franzosen und Engländern jetzt über 12 schwere und 64 leichte MGs. Neben dem Einsatz von Tanks stützte sich die Entente außerdem insbesondere auf die verbesserte und immer wichtigere Artillerie, eine Waffengattung, die bis 1918 auf mehr als ein Viertel des britischen Heeres anwuchs und bei Offensiven über fünfzig Prozent der Truppen stellte.

Nicht zu unterschätzen waren des Weiteren taktische Kompetenzen beziehungsweise die Koordinierung der Operationen. Einem im Dezember 1917 ins Leben gerufenen »Alliierten Obersten Rat« und einem gemeinsamen Oberbefehl für die westlichen Kampfschauplätze unter Generalissimus Ferdinand Foch ab März 1918 hatten das Hohenzollernreich und die Donaumonarchie trotz Einsetzung eines Oberkommandos der Mittelmächte 1916 und einer immer offensichtlicheren Dominanz der deutschen OHL nichts Vergleichbares entgegenzusetzen.

Nach vergeblichen deutschen Attacken war es schließlich Foch, der die Initiative ergriff und nicht mehr aus der Hand gab. Ein britischer Angriff östlich von Amiens war auch aus der Sicht von Erich Ludendorff ein »schwarzer Tag« für seine Streitkräfte. Obwohl Schlimmeres verhütet werden konnte, weil sich die Engländer mit ihren begrenzten Zielsetzungen zufriedengaben, kam die Demotivierung der deutschen Truppen in eklatanter Weise zum Vorschein.

Statt die Hoffnungslosigkeit der eigenen Lage einzugestehen, verdrängte man im Umfeld von Kaiser Wilhelm jedoch die militärische Realität. Es bedurfte des Vorstoßes der bislang zurückhaltenden Entente-Verbände an der »Saloniki-Front« und der nachfolgenden Unterzeichnung des Waffenstillstandes durch das erschöpfte Bulgarien Ende September 1918, um ein Einlenken zu bewirken. Während sich überdies die Donaumonarchie aufzulösen begann und die Völker des Habsburgerreiches ihre Unabhängigkeit mithilfe der »triumphierenden« Westmächte erreichten, riet auch die deutsche Heeresleitung zur Beendigung jeglicher Kampfaktivitäten. Als sie die Bedingungen der Sieger studierte und Washington signalisierte, sich nicht mit den »traditionellen Gewalten« des Hohenzollernreiches an den Verhandlungstisch setzen zu wollen, machten Ludendorff und Hindenburg allerdings eine Kehrtwendung. Anstatt von einer Kapitulation sprachen sie nun vom Widerstand »bis zum Äußersten«, von einem »ehrenvollen Endkampf«, den die Marineleitung tatsächlich noch anzuordnen beabsichtigte.

Schreckensbilanz

Unnachgiebigen und uneinsichtigen Militärs nahm jedoch eine im Umbruch befindliche Gesellschaft das Heft aus der Hand. Deutschland erlebte Aufstände und Massendemonstrationen. Anders als 1914 fand sich niemand mehr, der den Krieg öffentlich bejahte oder sogar bejubelte. Die »Straße« trug zur Beendigung eines vierjährigen Massenschlachtens bei, das die »Bilanzbuchhalter« der Katastrophe in Zahlen gossen:

Bis 1918 hatten Russland, Deutschland sowie Großbritannien beziehungsweise Frankreich mit ihren außereuropäischen Verbündeten und Besitzungen rund 16, 13, 9 und 8,5 Millionen Mann mobilisiert. In absteigender Reihenfolge betrug die Zahl der Eingezogenen in Österreich-Ungarn, Italien, in den USA und im Osmanischen Reich 9, 5,5, 4,7 und 3 Millionen. Davon kamen bei Kampfhandlungen etwa 2 beziehungsweise mindestens 1,8 und 1,5 Millionen Soldaten der Hohenzollern-, der Zaren- und der Habsburgerarmee um. Franzosen und Engländer mit ihren imperialen Alliierten verzeichneten 1,4 Millionen beziehungsweise 930.000 Gefallene.

Humanitäre Katastrophen spielten sich inzwischen auch an den Unterbringungsorten vieler Kriegsgefangener ab. Fast neun Millionen Heeresangehörige gerieten in Gewahrsam der »Feindstaaten«, davon über fünf Millionen bis Ende 1917 an der Ostfront. Die Militäradministrationen der mittel- und osteuropäischen Kaiserreiche waren vor allem zu Beginn der Kampfhandlungen überfordert. Von den Gefangenenmassen starben Hunderttausende an Seuchen und Unterernährung.

Definition

Fleckfieber: Diese Typhusart gehörte zu den gefürchtetsten Infektionskrankheiten, die während des Weltkriegs auftraten. Horrende Opferzahlen verursachte das Fleckfieber vor allem unter den Kriegsgefangenen. In Deutschland sowie Österreich-Ungarn versuchte man die Krankheit vor allem durch umfassende »Entlausungsmaßnahmen« in den Griff zu bekommen.

Kriegsheimkehrer und auch Zivilisten, die vielerorts gleichfalls unter Hunger, Krankheiten und chaotischen Verhältnissen litten, wurden mit weiteren Konsequenzen des vergangenen Massenkrieges konfrontiert. Neben der Trauer über vermisste und getötete Familienmitglieder hatten sie die Erfahrungen der Gewalteskalation auf Jahrzehnte hin unmittelbar vor Augen: Von den Kampfschauplätzen kehrten in die entstehende Sowjetunion, nach Deutschland, in die Nachfolgestaaten der Donaumonarchie, innerhalb Frankreichs und nach Großbritannien einschließlich der Kolonien und Dominions fast 5, mehr als 4, rund 3,5 beziehungsweise 2,7 und 2,1 Millionen verwundete und mitunter bis zur Unkenntlichkeit verstümmelte Soldaten zurück.

Die Invaliden, oft zur Bettelei verurteilt, gehörten gewissermaßen zum Straßenbild der Nachkriegsgesellschaft. Meist unter Ausschluss der Öffentlichkeit kämpften die »Versehrten« hingegen nicht nur mit den physischen, sondern auch mit den psychischen Folgen der Verletzungen. In Lazaretten waren Spiegel verboten. Männer »mit zerbrochenem Gesicht« ertrugen ihr meist grotesk zerstörtes Antlitz nur noch dadurch, dass sie sich Masken anfertigen ließen. Von Depressionen blieben inzwischen auch vermeintlich »gesunde« Kriegsteilnehmer nicht verschont. Sie quälte vielfach die Erinnerung an Gefechtssituationen stets aufs Neue. Daraus resultierende Aggressionen und andere »Verhaltensauffälligkeiten« der traumatisierten Heimkehrer verbitterten wiederum deren Familien. Gemessen an den Daten vor 1914 verdoppelte sich unter solchen Umständen zum Beispiel in Frankreich die Scheidungsrate Anfang der 1920er-Jahre. Neurosen und hysterische Reaktionen, die unter anderem nach Stunden oder Tage dauernden Artilleriebombardements auftraten, beschäftigten zudem Mediziner, welche die Ernsthaftigkeit der Symptome allerdings spät erkannten und nicht selten fehlerhaft diagnostizierten. Als »Drückeberger« oder sogar als Deserteure verdächtigt, setzte man die Betroffenen schmerzhaften Schocktherapien aus, falls sie nicht, wie in einigen Fällen, sogar als »Fahnenflüchtige« standrechtlich erschossen wurden. Nach 1918 sollten noch Dekaden vergehen, bis durch Kampfhandlungen in Mitleidenschaft gezogene Männer eine angemessene ärztliche Behandlung erhielten.

Literatur

Berghahn, Volker: Der Erste Weltkrieg. 3. Aufl. München 2006.

Groß, Gerhard P. (Hg.): Die vergessene Front. Der Osten 1914/15. Ereignis, Wirkung, Nachwirkung. Paderborn/München/Wien/Zürich 2006.

Herwig, Holger H.: The First World War. Germany and Austria-Hungary 1914–1918. London/New York/Sydney/Auckland 1997.

Hirschfeld, Gerhard/**Krumeich**, Gerd/**Renz**, Irina (Hg.): Enzyklopädie Erster Weltkrieg. Akt. und erw. Studienausgabe. Paderborn/München/Wien/Zürich 2009.

Keegan, John: Der Erste Weltkrieg. Eine europäische Tragödie. Reinbek bei Hamburg 2000.

Kruse, Wolfgang: Der Erste Weltkrieg. Darmstadt 2009.

Stevenson, David: 1914–1918. The History of the First World War. London/New York 2004.

Strachan, Hew: Der Erste Weltkrieg. Eine neue illustrierte Geschichte. 3. Aufl. München 2009.

4

Abseits der Schlachtfelder

Das bewaffnete Kräftemessen löste auch einen »Krieg der Geister« aus. Feindbilder wurden verstärkt und im Gegenzug neue Leitbilder für einen dauerhaften und gerechten Frieden geschaffen. Vor allem anfangs dominierten jedoch Hasstiraden und Aggressionen, die Künstler, Wissenschaftler und Kirchenvertreter weiter schürten.

Neben der mentalen Mobilisierung hatten sich die kriegführenden Länder zudem auf einen Waffengang einzustellen, der länger dauerte als erwartet. Dadurch war man gezwungen, immer mehr Geld auszugeben und eine wachsende Zahl von Beschäftigten der Rüstungswirtschaft zuzuführen. Speziell in Industriebetrieben, schließlich aber auch vermehrt auf Bauernhöfen und in Bergwerken mussten die zum Militärdienst eingezogenen Männer durch Frauen, Jugendliche, Kriegsgefangene beziehungsweise Zwangsarbeiter ersetzt werden. Sie erlebten eine »Totalisierung« des Krieges, welche die »Heimatfronten« nach Kräften in die gesamten Anstrengungen für den »Siegfrieden« einbezog. Neben Disziplinierungsmaßnahmen wählten Entscheidungsträger diesbezüglich auch Wohlfahrtsaktivitäten zugunsten der Bevölkerung. Eine organisierte Arbeiterschaft setzte Forderungen gegenüber dem Verwaltungsapparat durch, der umgekehrt seinen Handlungsspielraum erheblich vergrößerte und die Gesellschaften aller Länder in einem bislang nicht gekannten Ausmaß lenkte und kontrollierte.

Die Machtanhäufung erfolgte diesbezüglich in Deutschland zugunsten der Militärs, während vor allem in Frankreich und Großbritannien die zivilen Regierungsspitzen den Ton angaben.

Obwohl überall eine friedenswillige Opposition Zulauf erhielt, gelang es den Westmächten vor diesem Hintergrund besser, die Menschen auf ihrer Seite zu halten und einigermaßen zufriedenstellend zu versorgen. Nahrungsmittel- und Rohstoffknappheit, Verteilungsprobleme und andere administrative Mängel trugen in Russland hingegen zum Sturz des Zarenreiches und zum völligen Systemkollaps bei. Im Einflussbereich der Habsburger und Hohenzollern wiederum nahm ab 1916/17 das Ausmaß an »Hungerkrawallen«, Mas-

senstreiks, Meutereien und Desertionen bedrohliche Formen für die Herrschenden an. Ende 1918 brach dann auch in Zentraleuropa die bisherige politische Ordnung zusammen. Militärische Unterlegenheit, wirtschaftliche Erschöpfung und innere Widerstände kennzeichneten die Situation in Deutschland und Bulgarien, aber auch in der Donaumonarchie und im Osmanischen Reich. Die multinationalen Imperien begannen überdies in verschiedene Nachfolgestaaten zu zerfallen.

Hass und Überheblichkeit

»Jeder Schuss ein Russ'« – »Jeder Tritt ein Brit'« – »Jeder Stoß ein Franzos'«: Gewaltverherrlichung dominierte die Öffentlichkeit. »Haßgesänge auf England« wurden angestimmt. In Großbritannien apostrophierte man die Deutschen als »Hunnen«, denen die Zungen herausgeschnitten und die Augen ausgekratzt werden sollten. Auf allen Seiten empfand man den militärischen Gegner ab 1914 als »Barbar«, eine Behauptung, die sich noch zusätzlich aus den Gerüchten über den drohenden Einmarsch der Feinde nährte. Militärischen und zivilen Regierungsspitzen, die ihre Offensivstrategien in Verteidigungsmaßnahmen uminterpretierten, kamen Gräuelgeschichten über blutrünstige Angreifer gelegen.

Bestehende Ressentiments ließen sich dabei gleichfalls nutzen. Steirische Heimatdichter etwa hetzten effektvoll gegen die Serben, die Diplomatenkreise schon vorher als »Schweine« bezeichnet hatten. »Serbien muss sterbien«, hieß es nun. Das Slawenbild insgesamt blieb demgegenüber noch vage. Hauptsächlich mit Blick auf die multiethnische Donaumonarchie und potenzielle Bündnispartner war bei den Mittelmächten Vorsicht geboten. Unterschwellig aber zeichneten sich nicht bloß deren Eliten durch ein Überlegenheitsgefühl gegenüber »dem Osten« aus. Ihn setzte man mit Unordnung, Ungeziefer, Dreck und Verwahrlosung gleich, auch wenn Soldaten an der Front und in der Gefangenschaft später differenzierter urteilten. Ein permanenter »Hygiene-Diskurs« konservierte letztlich Vorbehalte, die hauptsächlich auf Russland als Verbündeten der Westmächte ausgerichtet waren.

Das Imperium der Romanows mit seinen »Kosakenhorden« galt in Deutschland und in Österreich-Ungarn als Inbegriff der »asiatischen Grausamkeit« und der wirtschaftlichen wie kulturellen Rückständigkeit, eine althergebrachte Sichtweise, die von verschiedenen Gesellschaftsschichten und Weltanschauungen geteilt wurde. Wien und Berlin stellten die Abwehr des »Moskowitertums« daher ohne große Mühe als »Zivilisationsauftrag« dar. Einheiten der k. u. k. Armee und der Streitkräfte Kaiser Wilhelms marschierten gegen einen »russischen Bären«, den Ansichtskarten und Karikaturen zum »verlausten Tier« und »gefährlichen Ungeheuer« herabwürdigten.

In St. Petersburg scharte Nikolaus II. unterdessen »Persönlichkeiten« aus den Bildungsschichten um sich, die im »vaterländischen Dienst« gegen die germanischen »Wilden« polemisierten und deren »Vernichtungsmaschinenkultur« der »Geistigkeit der Slawen« gegenüberstellten.

Werte und Kulturen

Das »typische« Wesen der Nationen diente als Rüstzeug einer ideellen Mobilmachung, die Konturen anzunehmen begann. Großbritannien und Frankreich bedienten sich der Prinzipien der Französischen Revolution, der liberalen Traditionen, des Parlamentarismus, des Rechtsstaates und der Selbstbestimmung des Einzelnen, wobei die verschiedenen Komponenten zu einer westlichen Wertegemeinschaft vereinheitlicht wurden. Sie, hob man hervor, habe den Auftrag, mit der Bekämpfung des »überkommenen Feudalismus« und »säbelrasselnden Militarismus« Preußens ganz allgemein einen »Kreuzzug gegen das Böse« auszurufen.

Ihre programmatische Zuspitzung erfuhr die Interpretationslinie durch den Kriegseintritt der Vereinigten Staaten von Amerika. US-Präsident Woodrow Wilson machte in den Anfang 1918 publik gemachten »Vierzehn Punkten« klar, dass sich sein Land an höheren Zielen orientiere. Mit der Entente, betonte Wilson, trete man an, die »Demokratie zu retten«, würde die Verwirklichung von Leitideen angestrebt: Allen voran gehe es um den unbeschränkten Handel zwischen gleichberechtigten Partnern, um die größtmögliche Freiheit der Menschen und autonome Entwicklung der Nationalitäten, die Berücksichtigung der indigenen Bevölkerung bei kolonialen Streitfragen, um das Ende der Geheimdiplomatie und die Errichtung einer »Gesellschaft der Staaten« zur Garantie ihrer territorialen Integrität und zur friedlichen Beilegung aller Konflikte.

Huldigten London, Paris und Washington solcherart vornehmlich den universellen Elementen politischer Konzepte, so feierte man in Berlin das patriotische Erneuerungserlebnis einer »Zusammenfassung der Deutschheit«. Ihren Gemeinschaftssinn, ihre »persönliche Innerlichkeit« und »Sittlichkeit« wollte das Hohenzollernreich gegen Individualismus und Stimmrecht, Kapitalismus und Materialismus schützen. Eine tiefe Kluft zwischen den Parolen von 1789 und den Losungen von 1914 glaubte man empfinden oder bewusst konstruieren zu müssen, Betrachtungsweisen, die allerdings Widersprüche hervorbrachten. Schließlich trugen idealistisch-konservative, zutiefst antiliberale und zum Teil »nachbürgerlich-faschistoide« Entwürfe »deutscher Besonderheit« kaum dem Umstand Rechnung, dass die Mittelmächte durch »Industrialisierung« und »Verstädterung«, durch Wahlrechtsreformen und Marktmechanismen selbst von »westlichen« Modernisierungseffekten maßgeblich geprägt wurden.

Organisation der Entfremdung

Ungeachtet dessen waren es selten »Solisten«, die bei der »Komposition« der martialischen Begleitmusik den Ton angaben. Den »Antagonismus der Völker« zur Erklärung und Rechtfertigung des bewaffneten Kräftemessens befeuerten Angehörige der »Geisteseliten« weniger im Alleingang als in geschlossenen Formationen. Aufrufe und Manifeste unterzeichneten jeweils dutzende »Meinungsführer« aus verschiedenen weltanschaulichen Lagern. Keineswegs waren es nur Chauvinisten und Nationalisten, die sich am Schlagabtausch, an der Verteufelung und Herabwürdigung »feindlicher« Lebensart und Denkweise, beteiligten.

Nur ein kleiner Prozentsatz der Intellektuellen stand abseits, unter ihnen Albert Einstein und der Arzt Georg Friedrich Nicolai. Sie mahnten die Europäer öffentlich zur Verständigung, fanden aber kaum Sympathisanten, die ihr Anliegen unterstützten.

Die »kulturellen Feldzüge« der hasserfüllten Mehrheit organisierten unterdessen zwar Behörden. Inhaltlich brauchten die amtlichen Stellen aber gar nicht einzuwirken. Die meisten »Gelehrten« dachten und schrieben dasselbe. Abweichende Ansichten marginalisierte und unterdrückte ohnehin eine professionalisierte Propaganda mittels Zensurmaßnahmen, Nachrichtenregie und Meinungslenkung. Damit verstärkte sich die Entfremdung der kriegführenden Länder, wobei man sich nicht selten handfester Lügen bediente: Mitnichten hatten etwa französische Flugzeuge bei Nürnberg Bomben abgeworfen, wie deutscherseits am 2. August 1914 behauptet wurde. Ebenso unrichtig waren umgekehrt alliierte Meldungen über Grausamkeiten der Hohenzollernarmee im Osten.

Dass es demgegenüber tatsächlich an mehreren Kampfschauplätzen zu Übergriffen kam und die Zivilbevölkerung dadurch schwer in Mitleidenschaft gezogen wurde, benutzten Medien und Regierungsstellen hier wie dort, um Aggressionen zu schüren. Der Verlängerung von Kampfhandlungen diente jedoch nicht bloß die Verbreitung von Schreckensmeldungen, sondern gerade auch das Ausbleiben von Informationen: Wiederholt behaupteten die Heeresleitungen, dass sich an den Fronten nichts Neues ereignet habe. Die Regierenden, aber auch weite Teile der zur Autosuggestion neigenden Kriegsgesellschaften glaubten unbeirrt an den Sieg, indem sie die Fortdauer des ergebnislosen Blutvergießens zur ereignisarmen Alltäglichkeit umdeuteten.

»Sinnstiftung« und »Gottesvertrauen«

Wo die Aufrechterhaltung der vermeintlichen »Normalität« nicht mehr gelang, mussten dem verlustreichen »Opfergang« Bedeutungen abgerungen werden, um der völligen Sinnkrise zu entgehen. Traumatisierende Wirkungen von Materialschlachten und hunderttausendfachem Sterben desavouierten deshalb zwar »Schwadroneure« des romantisierten Heldentodes. Die Hinwendung der Schriftsteller zu den konkreten Erfahrungen der Soldaten kam aber keineswegs einer unmittelbaren Absage an den Krieg gleich. Britische Dichter entzauberten wohl den Dienst auf dem »Feld der Ehre«. Ihre Abkehr von poetischen Verklärungen machte sie jedoch nicht zu Pazifisten. Während sie trotz eigener verstörender Erlebnisse wieder zu ihren Truppenteilen zurückkehrten, hielten auch deutsche Schriftsteller an der Notwendigkeit des Kampfes fest, um ihn ästhetisch bisweilen sogar zu überhöhen und als »reinigendes Stahlgewitter« zur Schöpfung eines »neuen Menschen« zu präsentieren.

Über die Ambivalenz von Faszination und Entsetzen hinaus tendierten nur wenige Künstler mit ihren Darstellungen des namenlosen Leides zu Frieden und Völkerverständigung. Lediglich eine Minderheit sprach von der Absurdität der Schlächterei. Fantasien einer Erhebung aller Gefallenen gegen die Generäle, Staatsmänner und Zuhausegebliebenen, ohne Rücksicht auf Uniform, Sprache und Staatszugehörigkeit, erreichten das breite Publikum kaum. Bis zuletzt standen viele »Kulturmenschen« für Chauvinismus, Siegeswille und die Überzeugung vom tiefen Antagonismus konkurrierender »Zivilisationsmodelle«.

Dass es in diesem Zusammenhang noch lange keiner staatlichen Interventionen bedurfte, lag überdies an den Haltungen der Glaubensgemeinschaften. Die Orthodoxie, traditionell Stütze und Bewahrer nationaler Eigenheit, segnete das »Heeresaufgebot« der Serben, Bulgaren und Russen gleichermaßen wie die katholischen, evangelischen und anglikanischen Geistlichen die Truppenverbände der Mittel- und Westmächte. Überall reklamierte man Gott für sich. Britische Soldaten figurierten als »Märtyrer« des »wahren Christentums«, protestantische Landeskirchen jubelten Wilhelm II. zu und einige Prediger verkündeten zuversichtlich, dass die »Ewigkeit deutsch« sein werde. Für die Katholiken im Hohenzollern- und im Habsburgerreich, die gleichfalls gegen »russische Unkultur«, »französischen Atheismus« und »britischen Krämergeist« wetterten, ging es nicht zuletzt auch um die »romtreue Großmacht« schlechthin, um die Donaumonarchie, deren Verteidigung einem »himmlischen Auftrag« gleichkam.

Unter solchen Bedingungen geriet sogar der Papst trotz seiner Ermahnungen, Friedensabsichten und Vermittlungsbemühungen zwischen die Fronten. Wechselweise als Mann der Zentralmächte oder der Entente verdächtigt, schwand seine Autorität. Gehorsam bis begeistert griff das Kirchenvolk zu den Waffen. Kritiker bildeten demgegenüber bis 1918 eine Minorität. Den antiklerikalen Strömungen der Vorkriegszeit zuwiderlaufend, drängten etwa auch mehrheitlich katholische Franzosen zu den Altären und hielten gleichzeitig zum kriegführenden Vaterland. »Religiöse Erweckung« und patriotische Gesinnung mischten sich und multiplizierten einander.

Finanzen

Die »geistige Mobilmachung« verlief unter derartigen Umständen vergleichsweise reibungslos und entfaltete überdies eine beträchtliche Langzeitwirkung zugunsten der Kriegsbefürworter. Hinsichtlich der ökonomischen Entwicklungen ergaben sich vorwiegend aus dem Wunsch nach kurzen Offensiven und raschen Erfolgen jedoch schon bald Schwierigkeiten. Die mangelnde Vorbereitung auf längere militärische Auseinandersetzungen führte zur Kostenexplosion. Bis dazu übergegangen werden konnte, den Verlierern – wie eingeplant – exorbitante Ausgaben aufbürden zu können, hatte man in die eigenen Taschen zu greifen. Mit jeder weiteren Kampfhandlung stiegen die Belastungen. Bis 1918 mussten die unterlegenen Mittelmächte 62 und die Entente für ihren Sieg sogar 147 Milliarden Dollar auslegen. Nach Großmächten aufgegliedert und für die gesamte Kriegszeit berechnet, beliefen sich die Gesamtkosten für die Donaumonarchie auf 13 Milliarden, für Frankreich auf 28, für die USA auf 36, für Großbritannien auf 44 und für Deutschland auf 47 Milliarden Dollar. Überall sah man sich mit mehr oder minder großen Budgetdefiziten konfrontiert. Die öffentliche Schuld wuchs – in Frankreich um 130 Milliarden Francs, in England zwischen 1914 und 1918 von 0,6 auf 5,8 Milliarden Pfund und in Deutschland von 5,4 auf 156 Milliarden Mark.

Die Geldbeschaffung erfolgte vor diesem Hintergrund zunächst im Inland, wurde teilweise von den Parlamenten abgesegnet und mit unterschiedlicher Beteiligung der Staatsbanken realisiert. Am wenigsten wurde die »Bank of England« seitens der britischen Regierung in Anspruch genommen. Letztere emittierte eigenes Papiergeld und griff auf hohe US-Kredite zurück, welche die nordamerikanische Wirtschaft eng an das »Empire« banden und die Bereitschaft Washingtons, sich gegen Berlin zu entscheiden, beeinflussten. London fungierte unterdessen weiterhin als internationaler Finanzplatz, mit dessen Hilfe Rumänien für die Entente gewonnen und den übrigen Mitgliedern der antideutschen Allianz unter die Arme gegriffen werden konnte.

Auch das Hohenzollernreich lockte indes Bündnispartner wie Bulgarien mit hohen Markbeträgen. Mehr noch als ihre Gegner versuchten die Mittelmächte aber ihre Bürger zur Zeichnung von staatlichen Anleihen zu bewegen. Dadurch ließ sich eine aufgeblähte, vielfach durch die Notenpresse in Umlauf gesetzte Geldmenge jedoch letztlich ebenso wenig abschöpfen wie durch ein Steuersystem, das sich mit Ausnahme Großbritanniens weltweit als mangelhaft und leistungsschwach erwies.

Die zirkulierenden Geldbeträge stiegen auf solche Weise in Deutschland zwischen 1914 und 1918 um 285 Prozent im Gegensatz zu England mit 111 Prozent. Angesichts des schrumpfenden Güterangebots bei gleichzeitiger monetärer Expansion gingen die Preise nach oben, eine Entwicklung, von der Österreich-Ungarn besonders betroffen war. Die Verwaltungen der beiden Reichshälften machten von der Möglichkeit der Verschuldung bei der Notenbank ausgiebig Gebrauch, die sich ihrerseits keinerlei Beschränkungen bei der Finanzierung der Staatsausgaben auferlegte. Das Geldvolumen verzehnfachte sich in Österreich bis 1918. Die k. u. k. Führung beließ es jedoch bei laxen Preisregelungen und stand damit unter besonderem Druck.

Systemänderungen

Die Hoffnung auf einen kurzen Konflikt erwies sich unterdessen auch in anderer Hinsicht als fatal. Wie sich bald zeigte, reichten die ursprünglichen Gesetze und Verfügungen über Ex- und Importbestimmungen, über die Versorgung der Armeen und der Zivilbevölkerung sowie die Sicherstellung und Produktion von Rüstungsgütern bei Weitem nicht aus. Schon Mitte September 1914 drohten den französischen Truppen die Granaten auszugehen. Ende Oktober waren die britischen, deutschen und russischen

Streitkräfte von ähnlichen Engpässen betroffen. Das Zarenreich sah sich vor die Aufgabe gestellt, die Industrialisierung generell zu beschleunigen, ein Unterfangen, das vorläufig kaum Wirkung zeigte. Neben taktisch-strategischen Fehlentscheidungen lastete man Nikolaus II. und seinen Generälen vor allem die Unfähigkeit an, die technologische Rückständigkeit zu überwinden und insbesondere genug Kriegsgerät herzustellen. Das Oberkommando ordnete schon am 26. Oktober 1914 an, Schusswaffen der Verwundeten und Toten einzusammeln. Alles in allem fehlten den russischen Streitkräften in Europa mehr als 650.000 Gewehre, ein volles Drittel des Gesamtbedarfes. Anfang 1915 mangelte es dann auch an Artilleriegeschossen. Wie in einer Apotheke werde die seltene Ware »mit einem Teelöffel« von den Arsenalen ausgegeben, spöttelte ein Offizier.

Das Ausbleiben des raschen Sieges und die Munitionskrise zur Jahreswende 1914/15, die in unterschiedlichem Ausmaß vielerorts zutage trat, zwangen zu längerfristigen Planungen. Als sich etwa die Kritik an der Unfähigkeit des autokratischen Behördenapparates im Romanowimperium mehrte, waren es die lokalen Selbstverwaltungskörper, die sich in Spezialausschüssen mit der Überwindung der Materialknappheit befassten. Verschiedene Interessengruppen bemerkten, dass man wenigstens die höheren Gesellschaftskreise früher hätte einbeziehen sollen, um das Land vor dem Untergang zu retten. Realiter arbeiteten die neu geschaffenen Gremien aber nicht zwangsläufig effizienter, sondern bisweilen gegeneinander. Durch die Zersplitterung des gesamten Wirtschaftssystems kam es zu Koordinationsdefiziten. Auf die benötigten Waren warteten Abnehmer oft vergeblich, wobei sich die Probleme durch ein desolates Transportwesen noch vergrößerten.

Anderswo vertrauten die Regierenden weiterhin auf Zentralisierungsmaßnahmen. Obwohl unter diesen Gesichtspunkten das französische Staatssekretariat und spätere Ministerium für Rüstungswirtschaft hinter den Erwartungen zurückblieb und eher im Bereich der Lohn- und Sozialpolitik Impulse setzte, gelang es trotz des Verlustes von Betrieben in frontnahen und deutsch besetzten Gebieten den Ausbau alter und den Aufbau zusätzlicher Produktionsstätten zu forcieren. War es in Paris das Zusammenspiel der Industrieverbände, so scharten sich in London um die zivilen Ministeriumsstrukturen Fachleute der Großkonzerne, mit deren Hilfe die Rationalisierung der Kriegsökonomie durch wissenschaftliche Innovationen und moderne Arbeitsmethoden vorangetrieben wurde.

Zeitgleich holte man sich bei der Entwicklung von Ersatz- und Giftkampfstoffen speziell im Hohenzollernreich die Experten der Universitäten und der Forschungsabteilungen in der Privatwirtschaft. Auf Initiative des Direktors der Allgemeinen Elektrizitäts-Gesellschaft (AEG), Walther Rathenau, ging man beim preußischen Kriegsministerium daran, sich mit den Schwierigkeiten zu befassen, die sich unter anderem aus der englischen Seeblockade ergaben. Rohstoffversorgung und -verteilung erfolgten durch die Kooperation von unternehmerischer Initiative und öffentlichem Sektor.

Industrielle fanden daher in den meisten europäischen Hauptstädten ein reiches Betätigungsfeld und verfügten über beträchtlichen Handlungsspielraum. Berlin und Paris verzeichneten in der Folge sogar die Abnahme traditioneller staatlicher Waffenfabriken, ein Trend, der allerdings in London nicht beobachtet wurde. Hier wuchs die Zahl der »National Factories«, mit denen die britische Regierung zudem generell die Preisgestaltung besser kontrollieren konnte.

Trotz nationaler Unterschiede erweiterte indes der Staat überall seinen Aktionsradius durch Investitionen, eigene Organisationen und Lenkungsmaßnahmen. Der Anteil öffentlicher Ausgaben am Sozialprodukt stieg ab 1914 gewaltig an. In Großbritannien zum Beispiel bis 1918 von 13 auf 48 Prozent und in Deutschland bis 1917 sogar von 17 auf über 70 Prozent. Parallel dazu wuchs die Zahl der Behörden und Beamten. England schuf zwölf neue Ministerien und 160 weitere Ämter, die USA registrierten einen »rush of boards, commissions and comittees«, Frankreichs Bürokratie vergrößerte sich um 25 Prozent.

Gaben bei den Alliierten allerdings die Zivilisten den Ton an, so hielten vor allem in Deutschland die Militärs das Heft immer fester in der Hand. Eine Basis dafür schuf bereits das preußische Gesetz über den Belagerungszustand, mit dem 57 stellvertretende Generalkommandeure und Festungskommandanten unter direktem Befehl des Kaisers Verfassungsrechte außer Kraft setzen, Oppositionelle verfolgen und alle Bereiche der inneren Verwaltung und der Politik von der Pressezensur bis zur Distribution der Nahrungsmittel beherrschen konnten.

Die deutsche Oberste Heeresleitung (OHL) unter Erich von Falkenhayn verhielt sich in diesem Zusammenhang noch einigermaßen zurückhaltend und beschränkte sich überwiegend auf militärstrategische Fragen. Falkenhayns Nachfolger Paul von Hindenburg und Erich Ludendorff verwandelten hingegen das Hohenzollernreich zunehmend in eine Militärdiktatur. Ohne Generäle ging in Deutschland bis 1918 so gut wie gar nichts.

»Totalisierung«

Dennoch waren den Gestaltungsmöglichkeiten Hindenburgs und Ludendorffs mitunter Grenzen gesetzt. Obwohl sie im Dezember 1916 die Arbeitspflicht für alle nicht bei den Streitkräften dienenden Männer zwischen 16 und 60 Jahren durchsetzten, schützte eine Mehrheit der »Volksvertreter« etliche Rechte der Beschäftigten. Die Anwendung der bei den Truppen üblichen Disziplinarregeln ließ sich in den Fabriken nicht durchsetzen. Flächendeckend verwirklichte man vergleichbare Projekte auch in Italien, im Zaren- und Habsburgerreich nicht, selbst wenn etwa das österreichische Kriegsleistungsgesetz den militärischen Zugriff auf die Betriebsbelegschaften ermöglichte. Frankreich holte rund eine halbe Million Mann von den Kampfschauplätzen zurück, um sie in der Industrie im Wesentlichen unter Armeebedingungen einzusetzen. Von einer uneingeschränkten »industrial conscription« sahen die Westmächte trotz mancher Diskussionen dennoch ab.

Debatten und Projekte spiegelten den wachsenden Bedarf an Arbeitskräften wider. Verloren bei der Umstellung auf die Kriegswirtschaft viele Menschen ihre Anstellung in den Friedensindustrien, so fanden sie bald wieder in den Rüstungsunternehmen Aufnahme. Dienstmädchen, Landarbeiterinnen und Frauen aus dem Textil- und Bekleidungsgewerbe zogen massenhaft in die Werkshallen ein. Dort ersetzten sie die zum Heer eingezogenen Männer. Es kam sowohl zu einer Verschiebung der Produktionsschwerpunkte als auch zu einer Erhöhung des weiblichen Gesamtanteils am Erwerbsleben. In Frankreich stieg der Prozentsatz auf 33, in Russland auf 43 Prozent. Großbritannien notierte vor dem Sommer 1914 3,3 Millionen Frauen in den Sektoren Handel und Industrie, 1918 waren es 4,8. Damals registrierten überdies deutsche Statistiken im Maschinenbau 35 mal und in der Metall- und Elektrobranche immerhin achtmal so viele Arbeiterinnen wie am Anfang des Krieges.

Vermehrt kamen überdies Ältere und Jugendliche zum Einsatz. Das Hohenzollernreich vermerkte zum Beispiel den Anstieg der Vierzehn- bis Sechzehnjährigen vor allem im Maschinenbau. Hier belief er sich auf 59, in allen übrigen Fabriken auf zehn Prozent.

Solche Transformationen der Wirtschaftssysteme und Gesellschaftsstrukturen verwiesen auf eine Inanspruchnahme möglichst vieler, wenn nicht sämtlicher materieller und personeller Ressourcen in einem bislang unbekannten Ausmaß. Militärische und zivile Zonen schienen zu verschmelzen. Hinter den Abnutzungsschlachten an den Kampfschauplätzen öffnete sich der Blick auf eine »Heimatfront«, von der im Zuge einer radikalisierten Kriegspolitik vereinzelt schon 1917/18 die Rede war. In Verbindung mit dem rücksichtslosen Einsatz neuer Waffentechnologie von ungeheurem Vernichtungspotenzial, dem dadurch ausgelösten industriellen Massensterben sowie einer »Entgrenzung der Gewalt« und Missachtung völkerrechtlicher Bestimmungen erweckte das »große Kräftemessen« auch durch behördliche Kontrollen und den Zugriff auf das Hinterland den Eindruck eines »totalen Krieges«. Die französische Presse spornte ihre Landsleute seit 1917 mit diesem Begriff zu noch größeren patriotischen Anstrengungen an, bevor Generäle und faschistische Bewegungen den Ausdruck oder verwandte Formulierungen propagierten.

Definition

Totaler Krieg: Diesem ins Jahr 1917 zurückreichenden Begriff kam im Rahmen der internationalen militärpolitischen Diskussionen der 1920er- und 1930er-Jahre große Bedeutung zu. In Deutschland war es General Ludendorff, der im »totalen Krieg« die adäquate Form künftiger militärischer Auseinandersetzungen erblickte. Eines der wichtigsten Elemente dieses Konzepts läuft auf die umfassende Kontrolle militärischer ebenso wie ziviler Wirkungsbereiche hinaus. Die Nationalsozialisten propagierten den »totalen Krieg« als gewollte gemeinsame Kraftanstrengung der Deutschen, um den sogenannten »Endsieg« zu erreichen.

Fremde Arbeitskräfte

Entfaltete das berüchtigte Konzept des »totalen Kriegs« schließlich in erster Linie unter den Nationalsozialisten seine volle Wirkung, so ließen sich Ansätze hierfür nicht zuletzt auch bei der OHL unter Hindenburg und Ludendorff erkennen. Gegen ihren Willen glaubte man etwa Belgier zum Arbeitseinsatz nach Deutschland deportieren zu können. Vehemente internationale Proteste führten zur Einstellung des Vorhabens.

Weniger Aufsehen erregte hingegen die Beschäftigung polnisch-russischer Landarbeiter, die schon 1914 vom Hohenzollernreich unabhängig von ihren Verträgen zur Fortsetzung ihrer Tätigkeit verpflichtet worden waren. Die Trennlinien zwischen Freiwilligkeit und Zwang verschwammen immer mehr, wenn in besetzten Gebieten Arbeitskräfte rekrutiert wurden.

Bei Zivilisten und mehr noch bei den Kriegsgefangenen missachteten die zuständigen Behörden außerdem Reglements der Haager Landkriegsordnung. Speziell die Offensiven und Umfassungsmanöver im

Osten verschafften den gegnerischen Mächten ein »riesiges Menschenreservoir«, das völkerrechtswidrig unter anderem im Frontbereich und in Rüstungsbetrieben Verwendung fand. Die Kaiserreiche Mittel- und Osteuropas wollten und konnten auf die Millionen »Feindsoldaten« in ihrem Gewahrsam nicht mehr verzichten: Wenige Monate nach dem Sturz des Zaren stellten vornehmlich k. u. k. Heeresangehörige bis zu 30 Prozent der Beschäftigten im Ural- und Don-Gebiet. 60 Prozent aller Eisenerzbergleute, 30 Prozent aller Roheisengießer und 28 Prozent aller Torfstecher im ganzen ehemaligen Romanowimperium waren im Sommer 1917 bulgarische, türkische, deutsche und vor allem österreichisch-ungarische Kriegsgefangene. Zwei Fünftel von ihnen kamen darüber hinaus im Agrarbereich zum Einsatz, nachdem sie schon 1915/16 die Hälfte der zu Friedenszeiten von den Gutsbesitzern eingestellten Landarbeiter ersetzt hatten.

Die Mittelmächte fühlten sich inzwischen bei einem wachsenden Mangel an Beschäftigten regelrecht abhängig von den eingebrachten Gefangenenmassen. Nach dem Friedensschluss von Brest-Litowsk mit Lenins Sowjetregierung blickte man demgemäß sorgenvoll auf bevorstehende Repatriierungsaktionen. Die Abgabe der Ausländer käme einer schweren Gefährdung der Volkswirtschaft gleich, erklärte das Armeeoberkommando der Donaumonarchie. Dort befanden sich 1917 660.000 Entente-Soldaten in der Landwirtschaft beziehungsweise in Fabriken sowie fast 300.000 bei der »Armee im Felde«. Hierbei handelte es sich zum Großteil um Männer aus den Reihen der Zarentruppen, ein Umstand, der auch die deutschen Bündnispartner alarmierte. Das Hohenzollernreich, welches Ende 1917 in der Landwirtschaft 860.000, in Bergbau und Industrie rund 400.000 sowie bei den eigenen Frontverbänden knapp 260.000 vorwiegend russische Militärpersonen zählte, stellte hinsichtlich des Brester Vertrages eine simple Rechnung an: 1,2 Millionen Kriegsgefangenen aus dem ehemaligen Romanowimperium stünden lediglich 150.000 deutsche Soldaten in Russland gegenüber. Bei einfacher gegenseitiger Rückgabe würde man also etwa eine Million Mann Arbeitskräfte einbüßen, folgerte die Oberste Heeresleitung. Ein derartiger Gefangenenaustausch drohte ihrer Auffassung nach zum Zusammenbruch des gesamten deutschen Wirtschaftslebens zu führen.

Die Versorgungslage im Vergleich

Zum Untergang des wilhelminischen Reiches trug unterdessen aber hauptsächlich der Wettlauf um Ressourcen und industrielles Wachstum bei. Dass Deutschland und Österreich-Ungarn diesbezüglich ins Hintertreffen gerieten, belegt die Gegenüberstellung von Zahlen: Bei den Mittelmächten fiel die Kohle-, Stahl- und Eisenproduktion zwischen 1915 und 1917 von 355 auf 340, von 24 auf 16 und von 25 auf 15 Millionen Tonnen, bei den Alliierten stieg sie in derselben Zeit von 346 auf 841, von 13 auf 58 und von 16 auf 50 Millionen Tonnen.

Der Versorgung kam entscheidende Bedeutung zu. Im Hinblick darauf zeichneten sich deutliche Unterschiede ab: England und Frankreich erlebten zwar auch Preissteigerungen und Konsumrückgänge. Die Stimmung in der Bevölkerung blieb aber relativ gut, zumal Importmaßnahmen und Erweiterungen von Agrarflächen zu akzeptablen Erträgen führten. Obwohl schließlich London und Paris gleichfalls zur allgemeinen Rationierung der Lebensmittel übergingen, mussten sie auf derartige Reglementierungen erst spät, nämlich 1917 beziehungsweise 1918, zurückgreifen.

Gravierende Mangelerscheinungen blieben den Westmächten weitgehend erspart, verglichen jedenfalls mit den Herrschaftsgebieten der Habsburger und Hohenzollern. Hier weitete sich unverzüglich die Kluft zwischen der Proviantierung des Heeres und der Unterstützung des Hinterlandes, gelang die Umstellung auf die Anforderungen des Krieges nur mithilfe behördlicher Intervention. Ein vielfach ohnehin ineffizientes und überbürokratisiertes Bewirtschaftungssystem kämpfte auf längere Sicht jedoch mit unlösbaren Verteilungsproblemen, divergierenden Ansprüchen der Bauern, Städter, Militärs und Unternehmer sowie einer wachsenden Attraktivität des Schwarzmarkts. Höchstpreisverordnungen griffen nicht mehr, weil immer weniger Güter zum Verkauf gelangten und sich die landwirtschaftliche Leistungsfähigkeit teilweise halbierte.

Reallöhne sanken, bei den Angestellten und Beamten meist mehr als bei den Beschäftigten kriegswichtiger Betriebe. Die Einebnung der Einkommensunterschiede schuf unter schlechter werdenden ökonomischen Gesamtbedingungen eine generelle Tendenz zur Verelendung. Speziell in den urbanen Zentren brachen die Einwohner buchstäblich vor Erschöpfung zusammen. In Wien musste man mit etwa 800 Kalorien pro Tag auskommen. Seit dem Winter 1916/17 gehörte die Ernährungskatastrophe zum Alltag der zentraleuropäischen Bevölkerung. In Deutschland allein kostete die Hungersnot bis Kriegsende 700.000 Menschen das Leben.

Sozialpolitik

Trotz der Opfer an der »Heimatfront« sowie der wachsenden Zahl von Gefallenen und Verstümmelten auf den Kampfschauplätzen blieb die

Loyalität der Bevölkerung gegenüber ihren Regierungen weitgehend erhalten. Die lang anhaltende Duldsamkeit hing zu einem gewissen Teil mit Erwartungen zusammen, die ein immer aufgeblähterer Staatsapparat hervorrief und durchaus nicht grundsätzlich enttäuschte: Frankreichs Entscheidungsträger in der Rüstungswirtschaft, unter ihnen der Sozialist Albert Thomas, vermochten Einfluss auf die Gestaltung der Arbeitsbeziehungen auszuüben. Das vergleichbare Ressort in London kam den starken englischen Gewerkschaften entgegen, gestand die Einschränkung des forcierten Arbeitseinsatzes auf die Zeit der bewaffneten Konflikte zu und machte sich vor allem darum verdient, Kriegsgewinne streng zu besteuern und damit die britischen Finanzen wesentlich zu entlasten.

Die Kollegen im verbündeten Italien führten fast zeitgleich Beamte, Unternehmer und Arbeitervertreter auf ministerieller Ebene zusammen. Bildete sich solcherart eine Schiedsautorität in Tarifangelegenheiten, so orientierte sich nach einer »absolutistischen« Phase auch das verfeindete Österreich an »sozialpartnerschaftlichen« Modellen. Realisiert werden sollten sie etwa durch das 1917 installierte »Generalkommissariat für Kriegs- und Übergangswirtschaft« sowie durch das »Amt für Volksernährung«, ein Quasi-Ministerium, dessen Direktorium Repräsentanten der großen politischen Lager angehörten. Auf diese Weise trug auch die Sozialdemokratie Mitverantwortung. Sie wandelte sich tendenziell zu einem systemstabilisierenden Faktor, als Kaiser Karl, der Nachfolger Franz Josephs, den Reichsrat wieder einberief und die bisher wirksamen Notstandsverordnungen auf parlamentarische Grundlage gestellt werden sollten.

Wohl integrierten die Mittelmächten die Linken nicht in ihre Kriegskabinette. Doch stimmten auch Angehörige des deutschen Oberkommandos wie Wilhelm Groener für eine Verständigung mit den Gewerkschaften. Noch ausstehende gerichtliche Verfahren gegen ihre Führer wurden aufgehoben, ihre Rekrutierung unterbunden, ihr Einfluss auf die großen Industriekonzerne verstärkt. Das Fundament dafür bildeten die rechtlichen Bestimmungen vom Dezember 1916: Das »Hilfsdienstgesetz« sah die Wahl von Arbeitgebern und Arbeitnehmern in gemeinsame Ausschüsse jener Firmen vor, die mehr als 50 Beschäftigte aufwiesen.

Von den Eliten kaum intendiert, schärfte sich damit das »Klassenbewusstsein« des Proletariats im Gefolge der erstarkenden Gewerkschaftsbewegungen, die beispielsweise eine Verdoppelung ihrer Mitglieder in Großbritannien und im Hohenzollernreich registrierten.

Parallel dazu gelangten Wohlfahrtsmaßnahmen zur Verwirklichung: England beschloss neben der Einschränkung von Unternehmerprofiten und von Mietpreisen etwa Sonderzahlungen an Kriegerwitwen und

Kriegsversehrte. Frankreich förderte wiederum Genossenschaften, eröffnete zusätzliche Lebensmittelläden und erweiterte die Arbeitslosenunterstützung. Österreich richtete Beschwerdekommissionen zur Verbesserung der Lohn- und Beschäftigungsverhältnisse ein und setzte den Mieterschutz durch. Deutschland wiederum entschied sich für ein System aus Kinder- und Mietgeld, Preiskontrollen und Invalidenhilfe.

Unzufriedenheit und Aufbegehren

Sehr bald aber sahen sich die Staaten trotz ihrer Zugeständnisse mit erheblichen Schwierigkeiten konfrontiert. Sogar bei den bessergestellten Westmächten war mit der Umbildung der Kriegskabinette unter Georges Clemenceau und David Lloyd George vom nationalen Schulterschluss, von »Union Sacrée« oder »Truce Policy«, nicht mehr viel zu merken. Die Regierungen wurden zum Sammelpunkt konservativer und rechter Kräfte. Clemenceau und Lloyd George lehnten jeden Verständigungsfrieden ab, setzten ganz auf die militärische Entscheidung. Großbritannien führte nun ebenfalls die allgemeine Wehrpflicht ein. Die meisten Linken, aber auch Teile der Liberalen schlossen sich sowohl in London als auch in Paris der Opposition an. Frankreich erlebte Soldatenmeutereien und Massenstreiks. Insbesondere Mitte 1917 spitzte sich die Situation zu. Dennoch blieb hier wie im »Empire« das Parlament Bezugspunkt, wodurch sich Protestbewegungen kanalisieren ließen. Die Volksvertreter übten ihre Kontrollrechte weiter aus. Eine an ihre Zustimmung gebundene Exekutive entschärfte die Lage nicht bloß durch sozialpolitische Bemühungen, sondern auch durch die prinzipielle Anerkennung demokratischer Spielregeln. Nach dem »großen Waffengang« sollten Neuwahlen stattfinden. Schon 1917 verabschiedete England zudem Gesetze, die den Männern uneingeschränkt und den Frauen ab dem dreißigsten Lebensjahr das Stimmrecht zubilligten.

Im Hohenzollernreich zogen hingegen jene Kräfte den Kürzeren, die mit verlängerter Kriegsdauer grundlegende Systemtransformationen als notwendig erachteten. Die »Falken« um Hindenburg und Ludendorff hielten an der bisherigen Ordnung fest und propagierten den Sieg mit der Hoffnung auf »reichliche Beute«. Umso heftiger fiel der Widerstand der Reformer aus, die das Ende der Kampfhandlungen verlangten, mit einer anvisierten Wahlrechtsänderung in Preußen jedoch nicht durchdrangen. Auch sonst kamen die Kritiker der bestehenden Verhältnisse nicht vom Fleck. Wohl hatte der Reichstag zum Sturz von Kanzler Bethmann Hollweg beigetragen, seine Nachfolger standen aber im Schatten einer unerbittlichen Heeresleitung.

Militärs und zivile Führung steuerten solcherart auf eine gefährliche Polarisierung der Gesellschaft zu, die durch katastrophale Versorgungsengpässe verstärkt wurde. Hohe Inflationsraten, Nahrungsmittel- und Brennstoffmangel ließen wenig Spielraum, um die »Untertanen« weiter auf Regierungskurs zu halten.

Desertionen bei den Truppen, im Vergleich zur Zahl der Mobilisierten über Jahre hin eher eine seltene Erscheinung, wurden unter solchen Umständen zunächst in Russland, dann aber während der letzten Kriegswochen auch in Deutschland und in der Donaumonarchie zu Massenphänomenen. Sogenannte »Grüne Kader« begannen die Öffentlichkeit in der Donaumonarchie zu beschäftigen. Im Wiener Reichsrat sprachen Abgeordnete von einer Million Fahnenflüchtigen, eine Behauptung, die wohl ebenso unrichtig war wie die vom k. u. k. Armeeoberkommando kolportierte Zahl von 100.000 bis 250.000 Abgängen. Ungeachtet dessen gab es für die Generalität keinen Grund zu Entwarnung. Verlässlicheren Angaben zufolge fehlten allein bei den Ersatzkörpern des Habsburgerheeres im August 1918 49.921 Mann, die nicht mehr eingerückt waren, sich entfernt hatten oder offen den Militärdienst verweigerten.

Den Stimmungswandel innerhalb der Streitkräfte belegten allerdings noch viel deutlicher die Meutereien unter anderem bei französischen Verbänden an der Westfront 1917 sowie bei österreichisch-ungarischen Einheiten in Böhmen, Südungarn, Serbien und der Steiermark zur Jahresmitte 1918.

Sie endeten mit Todesurteilen und Hinrichtungen der Aufrührer, während sogenannte »Assistenztruppen« nicht nur zur Niederschlagung von Soldatenrebellionen herangezogen wurden, sondern immer öfter auch gegen eine widerspenstige Zivilbevölkerung: In langen Schlangen vor Lebensmittelläden mit dürftigem Angebot kursierten Gerüchte über ausbleibende Rationen und unfähige Behörden. Die besorgniserregende Atmosphäre, die Polizeibeamte in Deutschland zum Teil schon 1915 unverblümt schilderten, gipfelte in spontanen Ausschreitungen, Plünderungen und »Hungerkrawallen«, bei denen Frauen wiederholt eine zentrale Rolle spielten.

Sturmzeichen

Zeitgleich häuften sich Meldungen über Arbeitsniederlegungen in den Betrieben. Waren es vorerst Belegschaften in den französischen Unternehmen, die hauptsächlich Unmut über ihre Lebensbedingungen äußerten, so störte die wachsende Streikbereitschaft im Bereich der Mittelmächte speziell im Mai 1917 und im Jänner beziehungsweise Juni 1918 ernstlich die Produktion. Alarmierend wirkten auf die offiziellen Stellen in Deutschland und Österreich vornehmlich die Unruhen Anfang des letzten Kriegsjahres. Ausgehend vom südlichen Wiener Becken, war rasch eine Million Beschäftigte in allen Industriegebieten der Donaumonarchie im Ausstand. Über die Unzufriedenheit mit der Kürzung von Mehlrationen hinaus trug der Widerstand bald politischen Charakter: Gefordert wurden die Milderung des Militärregimes und die Neuzusammensetzung der Gemeindevertretungen. Zudem entstanden im Habsburgerreich auch Arbeiterräte, welche jedoch die Sozialdemokratie an die Kandare nahm. Österreichische SP-Funktionäre wollten die Bewegung in geordnete Bahnen lenken. Deutsche Sozialisten dachten ähnlich, scheiterten jedoch mit einer vergleichbar gemäßigten Linie. Die 200.000 bis 500.000 Streikenden in Kiel und Hamburg, in der rheinisch-westfälischen Industriezone und vor allem in Berlin brachte schließlich die Armee zur Räson. »Rädelsführer« wurden verhaftet, aufrührerische Elemente an die Front geschickt. Kommandeure der k. u. k. Armee wollten es den deutschen »Waffenbrüdern« schon gleichtun, waren dann aber zu energischerem Auftreten gar nicht mehr gezwungen. Auf dem Verhandlungsweg erklärten sich die Ministerpräsidenten Österreichs und Ungarns zu Kompromissen gegenüber den Protestierenden bereit, die sich allerdings sehr bald als leere Versprechungen entpuppten.

Die Ereignisse zu Beginn des Jahres 1918 hatten außerdem offengelegt, dass die Menschen den Expansionsgelüsten ihrer Staatsführungen nichts abgewinnen konnten. Demonstranten verlangten den Frieden »ohne Annexionen und Kontributionen«. Sie verwehrten sich damit gegen Verhandlungsstrategien der Mittelmächte, die in Brest-Litowsk enorme territoriale Ansprüche gegenüber der Sowjetregierung unter Lenin stellten. Dessen Losungen dienten als Orientierung. Pazifistische Strömungen, nationale Autonomie- und Unabhängigkeitsbestrebungen, Räteorganisationen in Österreich und das Aufkommen einer radikaleren Linken in Deutschland verwiesen auf einen indirekten, in erster Linie ideellen Einfluss des »Roten Oktober«.

Russland im Umbruch

Eigentlich hätte das Romanowimperium über genügend Rohstoffe und Agrargüter verfügt, um die Kriegsanstrengungen zu bewältigen. Dass es dennoch zur großen Krise und zum Zusammenbruch des Regimes im Frühjahr 1917 kam, lag daher an Unzulänglichkeiten, die sich sowohl an der Front als auch im Hinterland offenbarten. Nikolaus II., seine Armeeführung und seine Minister waren weitgehend diskreditiert, als die Opfer der Soldaten und der Bevölkerung angesichts der Organisationsmängel, der militärischen Niederlagen, der steigenden Lebenshaltungskosten, der schlechten Güterverteilung und Nahrungsmittelknappheit endgültig jeden Sinnes beraubt wurden.

Die Desillusionierung vergrößerte sich mit den Nachrichten über Fehlentscheidungen, Korruption und »Kriegsgewinnlertum«. Sie erfasste zunächst die städtische Bevölkerung. Arbeitsniederlegungen gingen mit verschärfter Systemkritik einher. Bei Protestkundgebungen in St. Petersburg rissen die Befehlsketten an ihren entscheidenden Stellen: Die Garnison weigerte sich, auf demonstrierende »Brüder und Schwestern« zu schießen. Das Parlament, die Duma, leistete der Auflösungsordre des Zaren nicht mehr Folge und konstituierte einen selbstständigen Ausschuss, der sich vor allem die Wiederherstellung von Ruhe und Ordnung zum Ziel setzte. Während sich »Bauernsoldaten« mit dem »Volk« verbrüderten, Räte ihre Leitungsgremien wählten und sich mit dem Duma-Komitee zu koordinieren versuchten, dankte Nikolaus ab. Das Ende der Romanowherrschaft war besiegelt.

Bürgerlich-sozialistische Regierungen, zuletzt unter Alexander Kerenskij, schafften den Spagat zwischen einer revolutionären Politik einerseits und dem Festhalten an früheren Prioritäten andererseits nicht. Mit ihren Programmen trugen die Verantwortlichen vielmehr zur weiteren Destabilisierung bei. Die Beschlüsse einer kommenden verfassunggebenden Versammlung abwartend, blieben ministerielle Maßnahmen zögerlich und provisorisch, obwohl nach wie vor am Kriegsbündnis mit der Entente festgehalten wurde und wichtige soziale, ökonomische sowie politische Reformen anstanden.

Das Land schlitterte in einen völligen Systemkollaps, in eine tief greifende Umwälzung, die den Bolschewiki unter Lenin Rückenwind verlieh. Seine Partei hielt für die Majorität der auseinanderdriftenden Gesellschaft einfache und effektive Losungen parat. Als sie Kerenskij stürzte und mit der »Oktoberrevolution« den Frieden, die Landreform sowie die nationale Selbstbestimmung »dekretierte«, kam sie den Bedürfnissen der »Randvölker« und den Wünschen der russischen Bauern gleichermaßen entgegen. Deren eigentliche Repräsentanten, die Sozialrevolutionäre, spalteten sich. Ein Teil hielt zum »Rat der Volkskommissare«, wie sich die neue Sowjetregierung nannte.

Diese vermochte im Übrigen den frei gewordenen Kräften auf dem Territorium des ehemaligen Zarenreiches zunächst wenig entgegenzusetzen. Erst als die »Kommissare« die Zügel allmählich wieder fester zogen, zeigte sich, dass die Bolschewiki, die sich seit 1918 Kommunisten nannten, in gewisser Weise lediglich ein Bündnis auf Zeit mit den viel gepriesenen »Massen« geschlossen hatten. Schließlich gerieten Kollektivierungspläne der KP langfristig in Widerspruch zur bäuerlichen Eigenverantwortlichkeit. Darüber hinaus mischte sich der propagierte Klasseninternationalismus mit einem großrussischen Imperialismus gegenüber ethnischen Minderheiten. Sogar Teile der Arbeiterschaft distanzierten sich außerdem von der Willkür des »Oktoberregimes«. Letzteres stand bald für die Herrschaft einer einzigen Partei: Nachdem die Bolschewiki das gewählte Parlament, in dem sie über keine Mehrheit verfügten, schon im Jänner 1918 aufgelöst hatten, duldeten sie auch innerhalb der Rätekomitees den Widerspruch der übrigen Sozialisten nicht mehr. Ausgedehnt wurden hingegen Zuständigkeitsbereiche der eigenen Geheimpolizei.

Erschöpfung und Auflösung

Im Kampf mit ausländischen Interventen, »inneren Feinden«, regionalen Autonomie- und ethnischen Unabhängigkeitsbewegungen radikalisierte sich die kommunistische Machtausübung. Abzusehen war die Entwicklung zur Diktatur jedoch bereits seit der ersten Hälfte des Jahres 1918. Verwirrende und lückenhafte Meldungen aus dem »Sowjetreich« mochten demgegenüber international zu diffusen Ansichten über die Herrschaft Lenins beigetragen haben, obwohl Sympathien für seine Überzeugungen außerhalb Russlands ohnehin auf einzelne Sachthemen und Protestbewegungen beschränkt blieben.

Die »bolschewistische Gefahr«, welche mit dem Aufschwung verschiedener Linksparteien und unterschiedlichen Formen des Ungehorsams gleichgesetzt wurde, schienen die Regierungen Europas zu überschätzen. Speziell der »Umsturz« im Bereich der Mittelmächte hatte am Ende vielfach andere Ursachen.

Von sozialen und ökonomischen Krisen begleitet, zog eine totale Erschöpfung die militärische Kapitulation nach sich. Nachdem Bulgarien seinen Widerstand gegen die vorrückenden Ententetruppen eingestellt hatte, wandten sich Berlin, Istanbul und Wien im Oktober 1918 an die Alliierten, um Waffenstillstandsverhandlungen auf der Basis von Woodrow Wilsons »Vierzehn Punkten« einzuleiten.

Kaiser Karl bemühte sich überdies mit dem Manifest vom 16. Oktober, Österreich in einen Bundesstaat umzuwandeln. Tatsächlich trug er solcherart lediglich zur bereits stattfindenden Auflösung des k. u. k. Staates bei. England und Frankreich, die mit der Zerstörung der Donaumonarchie eine Stärkung Deutschlands befürchteten, legten nun ihre zögerliche Haltung ab und stellten sich hinter eine in der französischen Hauptstadt gebildete provisorische Regierung der künftigen Tschechoslowakei. Der souveräne Nationalstaat wurde dann am 28. Oktober 1918 in Prag ausgerufen, wobei sowohl die versammelte Menge am Wenzelsplatz als auch Emigranten in Paris dem bisherigen Herrschergeschlecht eine Absage erteilten.

In den darauffolgenden Tagen vereinigten sich Slowenen und Kroaten mit Serben und Montenegrinern zu einem neuen südslawischen Königreich, während Rumänien seine Ansprüche auf Siebenbürgen, das Banat sowie die Bukowina geltend machte und Ukrainer mit dem im Aufbau befindlichen polnischen Staat über Galizien in Streit gerieten. Wien und Budapest sahen, wie sich die Völker des Reiches abmeldeten. Am 12. und 16. November 1918 zog man auch hier den Schlussstrich unter die Vergangenheit. Die Proklamierung der österreichischen und die Entstehung der ungarischen Republik beendeten eine jahrhundertelange Herrschaft der Habsburger. Speziell unter ihren deutschsprachigen »Untertanen« gab es jedoch Zweifel an der Lebensfähigkeit des übrig gebliebenen »Reststaats«. Die neue Wiener Koalitionsregierung unter sozialdemokratischer Dominanz blickte daher nach Berlin und strebte den Zusammenschluss mit Deutschland an.

Das letzte Kapitel

Im Hohenzollernreich war inzwischen ebenfalls kein Stein auf dem anderen geblieben. Das »russische Chaos« vor Augen, hatten sich die Machthaber selbst zu Verfassungsänderungen entschlossen. Eine neue Mitte-Links-Koalition unter dem als liberal bekannten Prinz Max von Baden repräsentierte die Parlamentsmehrheit. Eine Monarchie nach britischem Vorbild kam allerdings auch dem Kalkül Ludendorffs und Hindenburgs entgegen, die Schuld für das Dilemma der Mittelmächte auf die Volksvertreter abzuwälzen. Sie sollten in den Ministerien die Suppe auslöffeln, die Militärs und alte Eliten der Bevölkerung eingebrockt hatten.

Der Zynismus der bisherigen Reichsleitung entging den neuen Entscheidungsträgern keineswegs. Die Gesamtlage zwang sie jedoch, Verantwortung für das »Abschlusskapitel« des Weltkriegs zu übernehmen. Hinzu kam, dass auch Sozialisten das konstitutionelle System mit einem gekrönten Oberhaupt retten wollten. Nach dem Autoritätsverlust Wilhelms II. dachte der SPD-Führer Friedrich Ebert deshalb daran, die Regentschaft dem Kronprinzen zu überlassen. Wilhelm Groener, nach der Entlassung Ludendorffs erster Generalquartiermeister in der OHL, lehnte es jedoch ab, »seiner Majestät« diesen Vorschlag zu unterbreiten.

Es war der 6. November 1918, ein Tag, an dem auch die gemäßigte Linke Grund genug hatte, an der Position Wilhelms zu rütteln. Nachrichten über umfassende Verweigerungsformen in der bewaffneten Macht verbreiteten sich im ganzen Land. Nachdem die Truppen an der Westfront trotz verschärfter Strafandrohungen schon seit dem Sommer nicht mehr zum Kampf zu bewegen waren, folgte schließlich bei der Hochseeflotte in Wilhelmshaven die offene Revolte. Das Vorhaben der Admiralität, zu einer letzten großen Schlacht gegen die Royal Navy auszulaufen, beantworteten die Matrosen mit der Meuterei. Auf ihren Schiffen nach Kiel verlegt, brachten sie den Aufstand in die Stadt und von hier in das Hinterland.

Die weiteren Geschehnisse hingen dann kaum mehr von den Vorfällen bei der Marine ab. Andere Faktoren beeinflussten die Entwicklungen. Unter anderem wartete das wankende Hohenzollernreich immer noch auf den Waffenstillstand. Diesen hatten Abgesandte des österreichischen Generalstabs mit der Entente am 3. November geschlossen. Alliierte Repräsentanten erwirkten dabei die Kontrolle Südtirols und den Durchmarsch ihrer Verbände bis nach Deutschland, weshalb dessen Streitkräfte wiederum von München aus zur Sicherung der Südgrenze nach Salzburg und Tirol beordert wurden. Die unmittelbare Konsequenz waren stürmische Kundgebungen gegen die Entsendung reichsdeutscher Truppen nach Österreich, Demonstrationen, die am 7. November das Ende der Wittelsbacherherrschaft herbeiführten. Bayern wurde eine Republik.

Zwei Tage später fand sich dann auch in Berlin kein Verteidiger der Monarchie. Max von Baden verkündete die Abdankung Wilhelms, der dafür nach wie vor seine Zustimmung verweigerte, aber über keine loyalen Einheiten mehr verfügte. Ohne Einwilligung Eberts proklamierte sein Parteikollege Philipp Scheidemann nun die Republik, eine Tatsache, die den letzten Hohenzollernkaiser erst im holländischen Exil am 28. November 1918 zum Thronverzicht veranlasste.

Eine provisorische Regierung, der Rat der Volksbeauftragten, hatte indessen unter Federführung der SPD die Leitung des Staates übernommen. Räteorganisationen, die gleichfalls gebildet worden waren, standen mehrheitlich zur Sozialdemokratie. Sie folgte nicht dem russischen Beispiel, sondern zielte auf eine parlamentarische Demokratie ab.

Die dramatischen Ereignisse überschatteten in Mitteleuropa beinahe den Umstand, dass seit 11. November auch im Westen die Kampfhandlungen beendet waren. Im Wald von Compiègne unterzeichnete das Deutsche Reich den Waffenstillstandsvertrag. Die Ruhe an den Fronten vermochte jedoch nicht darüber hinweg zu täuschen, dass die Bevölkerung in Ungewissheit lebte und weiterhin mit ungeheuren Belastungen rechnen musste. Neues Blutvergießen im Verlaufe innenpolitischer Kraftproben und gewaltsamer Grenzkonflikte verdeckte solcherart die Tatsache, dass es letztlich vor allem der Friedenswille vieler Menschen gewesen war, der den Weltkrieg beendete.

Literatur

Audoin-Rouzeau, Stéphane/**Becker**, Jean Jacques (Hg.): Les sociétés européennes et la guerre de 1914–1918. Nanterre 1990.

Beckett, Ian F.W.: Home Front, 1914–1918. How Britain survived the Great War. Kew 2006.

Chickering, Roger: Freiburg im Ersten Weltkrieg. Totaler Krieg und städtischer Alltag. Paderborn 2008.

Davis, Belinda: Home Fires Burning. Food, Politics, and Every Day Live in World War I Berlin. Chapel Hill/London 2000.

Hirschfeld, Gerhard/**Krumeich**, Gerd/**Renz**, Irina (Hg.): Enzyklopädie Erster Weltkrieg. Aktualisierte und erweiterte Studienausgabe. Paderborn/München/Wien/Zürich 2009.

Leidinger, Hannes/**Moritz**, Verena: Gefangenschaft, Revolution, Heimkehr. Die Bedeutung der Kriegsgefangenenproblematik für die Geschichte des Kommunismus in Mittel- und Osteuropa 1917–1920. Wien/Köln/Weimar 2003.

Mommsen, Wolfgang J.: Der Erste Weltkrieg. Anfang vom Ende des bürgerlichen Zeitalters. Frankfurt am Main 2004.

Oltmer, Jochen (Hg.): Kriegsgefangene im Europa des Ersten Weltkriegs. Paderborn/München/Wien/Zürich 2006.

Ein Hauptereignis aus der »Vogelschau«

Der Erste Weltkrieg ist ein historisches Hauptereignis, das wesentlich zum Verständnis des 19. und 20. Jahrhunderts beiträgt. Seine Anatomie gleicht einem »Ereignisknoten«, der verschiedene Handlungsstränge zusammenführt.

Dabei verweisen die Jahre 1914 bis 1918 zunächst gewissermaßen auf sich selbst, präsentieren sich als Auszeit, deren Vorbedingungen und Konsequenzen von den Zeitzeugen nicht selten ausgeblendet wurden. In anderen Darstellungen wirkte wiederum insbesondere die vorgelagerte Friedenszeit wie eine entrückte und bisweilen nostalgisch verklärte Ära der »Ruhe und Sicherheit«. 1914 empfand und beschrieb man daher häufig als scharfe Zäsur. Nach 1918 setzte sich das Blutvergießen hingegen fort. Mit den Pariser Vorortverträgen 1919/20 entstand keine stabile Friedensordnung. Die Planungen der Siegermächte riefen Widerstand hervor. Autoritäre beziehungsweise faschistische Bewegungen instrumentalisierten revisionistische Tendenzen zunehmend für ihre Zwecke. Aus diesem Blickwinkel erscheinen die Feldzüge des »Dritten Reichs« und vor allem dessen Sieg über Frankreich 1940 als Revanche für die Niederlage 1918, als unmittelbare Konsequenz der »Urkatastrophe« von 1914. Die erste Hälfte des 20. Jahrhunderts stellt sich somit als einheitliche Epoche der Verwüstungen und des Massensterbens dar.

Die Erfassung aller Ressourcen und Bevölkerungsteile sowie die rücksichtslose »Ausmerzung« der »Andersartigen« und »Unerwünschten« verorten den Ersten Weltkrieg überdies in ein Zeitalter der »totalen Kriege«, das manche Forscher mit Blick auf den amerikanischen Bürgerkrieg in den 1860er-Jahren beginnen und mit dem Abwurf der Atombomben 1945 enden lassen.

Die Revolutionen von 1917/18 bewegen Kommentatoren außerdem dazu, nachfolgende Gegensätze und Auseinandersetzungen als europäische und globale »Bürgerkriege« zu bezeichnen. Aus dieser Sicht verliefen die Konfliktlinien über Staatsgrenzen hinweg zwischen den verfeindeten Weltanschauungslagern. Ungeachtet dessen fühlten sich viele Akteure jedoch als Teilnehmer eines Kampfes um nationale Besitzstände und eines Wettlaufs zwischen älteren und jüngeren Imperien.

Allerdings bestehen auch Zweifel an derartigen »Jahrhunderterklärungen«. Ohne die Verdienste und Nützlichkeit solcher Gesamtentwürfe prinzipiell zu leugnen, dürfen Widersprüche jedenfalls nicht übersehen werden: Der Erste Weltkrieg steht für allgemeine Trends sowie für nationale, regionale und milieuspezifische Verschiedenheit, für konträre Entwicklungen, Phänomene von unterschiedlicher Dauer und die »Gleichzeitigkeit des Ungleichzeitigen«, für tiefe Einschnitte, Beschleunigungs- und Multiplikationseffekte, für Kontinuitäten und langsame Transformationen.

Mehrdimensionalität

Mit der Zeitmaschine zurückreisen und alles erfassen. Nichts, aber auch wirklich gar nichts, selbst wenn es noch so nebensächlich erscheint, außer Acht lassen und der Vergessenheit preisgeben: Diese Fiktion findet ihre Erfüllung im »idealen Chronisten«. Ihm bleibt kein Zeitportal verschlossen. Über jedes Geschehen in der Vergangenheit weiß er aus der Perspektive des unmittelbaren Beobachters zu berichten.

Viele Wissenschaftler können sich mit solchen Überlegungen nicht nur deshalb kaum anfreunden, weil sie spekulativ und realitätsfremd wirken, sondern weil sie ihrer Ansicht nach die zentralen Anliegen und genuinen Leistungen der Historiografie gar nicht berühren. In erster Linie, wird demnach betont, gehe es um die Perspektive des Rückblicks. Schließlich habe auch der aufmerksamste Zeitgenosse erst nach 1648 sagen können, dass 1618 der Dreißigjährige Krieg begann.

Auf ähnliche Weise glauben im Nachhinein manche Forscher die Jahre 1914 bis 1945 zu einer Schreckensperiode zusammenfassen zu können. Am »Höhenkamm« der »großen Erzählungen« treffen sie mitunter auf Visionäre des ausgehenden 19. Jahrhunderts, die das »Ungeheuerliche« schon vorausgeahnt haben wollen. Retrospektive und Prognose müssen dabei nicht einmal nur auf Zwangsläufigkeiten verweisen. Problematisch erscheint schon, dass sich die Bestandteile der Narration – etwa Staaten, Nationen, Gesellschaftsschichten, Mentalitäten und sogar Individuen – gleichermaßen als Konstrukte erweisen wie die Geschichte, die über sie geschrieben wird. Zwar handle es sich, so ein Einwand, um keine beliebigen Darstellungen oder reine »Erfindungen«, sondern um eine begrenzte Zahl von mehr oder minder nachvollziehbaren Argumentationslinien auf der Grundlage von Quellen, Theorien und Methoden. Am Ende aber spiegelt sich in der »Illusion« des Gewesenen die Gegenwart seiner Erforscher wider, deren Gliederung und Auswahl des Materials, deren Hinwendung und Fähigkeit zur Abstraktion.

Eine damit verbundene Tendenz zu Oberbegriffen und überzogenen Interpretationen kollidiert allerdings bisweilen nicht bloß mit genereller Erkenntnisskepsis, sondern auch mit einer Denkrichtung, die den unmittelbaren Erlebnissen sowie den konkreten Alltags- und Entscheidungssituationen nachspürt. Systeme und Kulturformationen lösen sich aus einem derartigen Blickwinkel vielfach in Additionen von Heterogenem auf. Zäsuren und Wendepunkte, von denen die Schulbücher künden, erscheinen fragwürdig. Unter anderem auf den Beginn des 20. Jahrhunderts bezogen, sprechen kritische Analysen von generationsspezifisch und lebensweltlich extrem zerklüfteten Epochen. In Bezug auf die Jahre 1914 bis 1918 könne man zum Beispiel erfahrungsgeschichtlich von keinem einheitlichen »großen Waffengang« sprechen. Der Erste Weltkrieg sei eine Art »Rumpelkammer« und »keine Totalität – außer als Wort«, urteilte ein französischer Historiker, und ein deutscher Kollege fügte hinzu, dass zweifelhafte Kategorisierungen und Terminologien auf einem Mangel an alternativen Ordnungsangeboten beruhten. Schließlich, wandte er ein, gliederten Überblicksarbeiten ihren Stoff automatisch entlang der Jahre 1914 respektive 1918 und akzentuierten damit, ohne es besonders zu reflektieren, diesen Einschnitt.

Andere Experten bezeichneten den Ersten Weltkrieg unterdessen als ein vertrautes und äußerst bedeutsames, aber in letzter Konsequenz unbeherrschbares Gebiet. Kapitulieren wollte man vor den selbst gesteckten Forschungszielen jedoch nicht. Das Terrain erschlossen die Fachleute in der Folge mithilfe verschiedener Betrachtungsweisen neu. In der Spezialliteratur avancierte unter anderem der Ausdruck »Multidimensionalität« zu einem Schlüsselwort. Lediglich dadurch ließen sich divergierende Wahrnehmungen und Werthaltungen, rivalisierende Gesellschaftsgruppen und gegenläufige Entwicklungen behandeln. Da es in diesem Zusammenhang zudem vielfach um Erscheinungen von unterschiedlicher Dauer ging, eröffnete sich die Gelegenheit, gewohnte Erklärungsmuster und gängige Periodisierungen zu hinterfragen. Auf mehreren Zeitebenen waren Phänomene auszumachen, die einerseits den Ereignisknoten »Erster Weltkrieg« bildeten und andererseits über ihn hinaus wiesen. Es ergaben sich differenziertere Charakterisierungen eines historischen Hauptereignisses. Seine Position am Horizont der neuzeitlichen Geschichte konnte neu vermessen, seine Bedeutung präzisiert und gelegentlich relativiert werden. Die Arbeit gilt, dem steten Fluss des Erkennens und Zuschreibens entsprechend, nicht als abgeschlossen. Hier einige »Zwischenbilanzen« der schier endlosen Wissens- und Deutungsproduktion.

Auszeit

Manche Untersuchungen kommen zu dem Ergebnis, dass der Erste Weltkrieg geradezu eigentümlich auf sich selbst bezogen ist. Abgekapselt von seinem zeitlichen Umfeld, stellt er damit gewissermaßen doch eine Einheit dar und kein geistiges oder sprachliches Konstrukt. Bewaffnete Konflikte der Moderne, fasst man zusammen, verkörperten die schnellste, radikalste, zugleich aber auch in vielerlei Hinsicht die flüchtigste Form der Veränderung. Umstrukturierungen der Wirtschaft, Beseitigung von Freiheitsrechten, Macht- und Grenzverschiebungen zwischen Bevölkerungsgruppen, Staat und Gesellschaft, Politik und Militär, all das habe sich in kürzester Zeit vollzogen, sei aber nach 1918 fast ebenso radikal revidiert worden. Eine scharfe Doppelzäsur schwäche von vornherein alle Thesen über das »große Kräftemessen« als Motor weitreichenden und langfristigen Wandels ab. Der Krieg präsentiere sich demgemäß primär als Auszeit.

Tatsächlich erweckten unzählige Aufzeichnungen von Zeitzeugen, Tagebücher oder Memoiren beispielsweise, den Eindruck, als bliebe ein »Vorher« und ein »Danach« ausgeblendet. Ehemalige Soldaten engten ihre Schilderungen oft auf die Zeitspanne vom Einrücken zur Armee bis zur Rückkehr von der Front und aus der Gefangenschaft ein. Das Kampfgeschehen selbst entwickelte eine Sogwirkung, diente als Bezugspunkt und wurde immer wieder erlebt. Literaten entsprachen dem Bedürfnis, das existenzielle Ringen auf den Schlachtfeldern möglichst wirklichkeitsgetreu nachzuzeichnen. Die nüchterne Darstellung des Grauens, für die sich Dichter schon vor dem Waffenstillstand entschieden hatten, überzeugte die Menschen der Nachkriegsgesellschaften, die zu Hunderttausenden Erich Maria Remarques Werk »Im Westen nichts Neues« lasen. Eineinhalb Jahre nach der Veröffentlichung des Buches gab es bereits 23 Übersetzungen von einer Geschichte, die, wie Remarque meinte, für sich selbst stand. Es ging, ergänzte ein Rezensent, um den Blickwinkel jener, die Elend und Massensterben als furchtbaren und monotonen Alltag kennengelernt hatten, nicht um die Sicht der Generalstäbe, Schreibstuben und Redaktionsbüros.

Definition

Der Roman »Im Westen nichts Neues«: Der 1928/29 vom deutschen Schriftsteller Erich Maria Remarque vorgelegte Roman skizziert die Kriegserlebnisse einer Gruppe von Soldaten an der Westfront. Diese verweisen auf das zerstörerische Werk des Krieges, auf Entmenschlichung und die Infragestellung des »Heldentums«. Remarques Dar-

stellung zog überdies die Sinnhaftigkeit des »Opfertodes« als »letzten Dienst fürs Vaterland« in Zweifel und stellte sich so gegen eine mythisch aufgeladene Überhöhung des »Waffenganges« an sich. Das Buch ebenso wie die amerikanische Romanverfilmung rief nicht zuletzt unter Deutschnationalen und Nationalsozialisten größtmögliche Ablehnung hervor.

Neben der intendierten Sachlichkeit künstlerischer Annäherungen überwog das Bedürfnis, zu einer Art »Normalität« zu finden, d.h. in mehrfacher Hinsicht »heimzukehren«. Die Verdrängung des Traumas ging mit der Wiederherstellung des »Gewohnten« einher. Trotz modisch-revolutionärer Anklänge einer Neubewertung der Geschlechterrollen, dominierten bald traditionelle Muster der Berufstätigkeit und der familiären Bindungen. Die Männer »eroberten« ihre Arbeitsplätze in der Friedenswirtschaft zurück. Die weibliche Erwerbstätigkeit passte sich quantitativ und qualitativ im Großen und Ganzen an das Vorkriegsniveau an. Hatten sich Frauen aufgrund ihrer ökonomischen Bedeutung bis 1918 auf lange Sicht politischen Einfluss erhofft, so wurden sie gerade in den westeuropäischen Demokratien enttäuscht. Frankreich verwehrte ihnen das Wahlrecht bis 1944. Engländerinnen unter dem 30. Lebensjahr erging es nicht anders, obwohl sie in der Rüstungsindustrie besonders zahlreich vertreten gewesen waren.

Vielerorts merkte man von einer prinzipiellen Bereitschaft zum tief greifenden Wandel und zur völligen Umgestaltung der europäischen »Zivilisation« wenig. Ideologisch überhöhte Bekundungen eines »brüderlich-solidarischen Aufstandes der entrechteten Klassen« kennzeichneten die Stimmung weiter Bevölkerungskreise nur unzutreffend. Die Mehrheit wollte vor allem Ruhe und sehnte sich danach, so rasch als möglich nach Hause zu kommen. Exemplarisch dafür ist das Verhalten jener Kieler Matrosen, die sich gegen die immer noch gefechtsbereite Admiralität zur Meuterei entschlossen hatten. Kaum dass die Waffen schwiegen, fehlte es ihnen an Engagement für die gerade gegründeten Soldatenräte. Statt die Revolution voranzutreiben, wartete die überwiegende Mehrheit nicht einmal die geregelte Demobilisierung ab und verschwand noch vor Weihnachten 1918 aus der Ostseestadt.

Zäsuren

Ungehorsam, Rebellion und Umsturz markierten solcherart kurze Augenblicke, in denen sich Weichenstellungen vornehmen ließen, Konsequenzen aber auch richtig einzuschätzen waren. Die Geschehnisse verwiesen in mehreren Belangen auf Zeitfenster, die nur wenige Momente offen standen.

Der Sommer 1914 und der Herbst 1918 bilden aus einer solchen Perspektive jeweils abgeschlossene Ereignisse mit spezifischen Stimmungslagen und Wirkungsbereichen. Diese »Eckdaten« sind mindestens ebenso wenig bloß Worte oder begriffliche Klammern zur Zusammenfassung von »Heterogenem« wie eine dazwischen liegende Katastrophe mit schätzungsweise 8,5 Millionen militärischen und knapp 6 Millionen zivilen Todesfällen lediglich als Ansammlung »nackter Zahlen« figuriert.

Infolge des Blutvergießens und des Elends lösten sich bisherige Ordnungsmuster auf, verschwanden die alten Monarchien, erhielten andere Kräfte Gestaltungsmöglichkeiten, wurden politische Landkarten neu gezeichnet und Erwartungshaltungen sowie Mentalitäten grundlegend verändert. Friede bedeutete für ganze Generationen nun eine längst vergangene und weit zurückliegende Epoche vor 1914. Ein Gefühl des »Zeit- und Zivilisationsbruchs« verbreitete sich, das mit dem Wunsch nach Vertrautem, nach Kontinuität und Tradition kollidierte. Sicherheit verband man mit einer »Welt von Gestern«, die manchmal zur Idylle verklärt wurde. Nostalgische Idealisierungen trösteten vor allem jene Oberschichten über den Verlust einer »guten alten Zeit« hinweg, die angesichts der Transformationen und Umbrüche seit 1917 um ihre Privilegien fürchten mussten und sich gezwungen sahen, Gewohnheiten und einmal bezogene Positionen aufzugeben. Die Sehnsucht nach Stabilität und »Entschleunigung« teilten sie aber auch mit vielen anderen Bevölkerungsteilen, deren Hoffnungen auf eine bessere Zukunft sich durch den Frieden nicht oder nur partiell erfüllten.

Blutvergießen ohne Ende

Gewiss gab es den Waffenstillstand mit Deutschland am 11. November 1918, nachdem Bulgarien im September und die Türkei Ende Oktober kapituliert hatten. Aber schon die Verhandlungen zwischen der Entente und dem k. u. k. Armeeoberkommando offenbarten das Dilemma. Ein innenpolitisch erschüttertes Ungarn beteiligte sich gar nicht mehr an den Gesprächen, während weder Kaiser Karl noch die Parlamentarier in Wien für das »Schlamassel« verantwortlich sein wollten, das die Donaumonarchie als ein Hauptakteur von 1914 mit verursacht hatte.

Durch die Desintegration des Habsburgerreichs entstand in Zentraleuropa eine Krisenzone. Weiter nördlich und östlich stritt man indes ebenfalls über die Grenzen und das Schicksal neuer Nationalstaaten. Polnische Truppen, ukrainische und baltische Unabhängigkeitsbewegungen bekämpften einander und zugleich vorrückende Verbände der Roten Armee, die sich ihrerseits nicht bloß gegen »Randvölker«, sondern auch gegen die innere Opposition und ausländische Streitkräfte erfolgreich zur Wehr setzten: Im Laufe des Jahres 1918 hatten sich Japan und die Westmächte zur Konfrontation mit Lenins »Oktoberregime« entschlossen. Eine alliierte Intervention im ehemaligen Zarenimperium, die von etlichen Widersprüchen gekennzeichnet war und unter anderem das Misstrauen zwischen Tokio und Washington zutage förderte, erweiterte die Kampf- und Unruhezone bis zum Pazifik.

Hinzu kamen das Ende des Osmanischen Reiches und die Krise im Nahe Osten, die Diskussion über das weitere Schicksal von ehemaligen Kolonien des untergegangenen Hohenzollernreiches sowie die Tatsache, dass speziell die Herrschaftsverhältnisse im Bereich der ehemaligen Mittelmächte aus der Sicht der Weltkriegssieger Anlass zur Sorge gaben.

Vor allem für Paris und London galt es, sich Gedanken über die Widerstandsfähigkeit der neuen Staaten und Regierungen gegenüber der »bolschewistischen Bedrohung« zu machen. Schließlich forderten in Deutschland Räte und radikalere Kräfte der organisierten Arbeiterbewegung mit ihren weiter reichenden Sozialisierungsbestrebungen eine gegnerische Koalition heraus, deren Konstellation ein wenig an die Burgfriedenpolitik von 1914 erinnerte: Die SPD-Sitze um Friedrich Ebert vertraute nicht nur dem eigenen Anhang, sondern auch der Industrie und dem Militär. Im Verein mit den entstehenden »Freikorps«-Verbänden oblag es dem Heer, die Allianz von Linkssozialisten und Kommunisten, die sich bislang im sogenannten »Spartakusbund« zusammengeschlossen hatten, gewaltsam zurückzudrängen. Der Radikalisierungsprozess gipfelte in der blutigen Niederschlagung des »Spartakus-Aufstandes« in Berlin und anderer Erhebungen Anfang 1919 sowie in der Zerschlagung kurzlebiger Sowjetrepubliken in Bremen und München bis zum Mai desselben Jahres.

Etwas länger existierte indes die Rätemacht in Budapest. Eine relativ kleine Gruppe von KP-Aktivisten unter Béla Kun hatte sie mit Teilen der Sozialdemokratie im März 1919 ausgerufen. Das insbesondere von den Gebietsforderungen der Entente enttäuschte Ungarn wandte sich damit vom Westen ab. Für die Entwicklungen spielten daher nationale Gefühle eine mindestens ebenso große Rolle wie die Losungen der »Oktoberrevolution«. Die Frontstellung zwischen Kuns Mitstreitern und seinen Kontrahenten war nicht von der gesamteuropäischen Lage zu trennen. Magyarische Antibolschewisten errichteten ihre konservativ-autoritäre Macht hauptsächlich mit Unterstützung rumänischer Truppen, die dem »pannonischen Sowjetexperiment« den Todesstoß versetzten. Die Bukarester Entscheidungsträger erhoben vorwiegend territoriale Ansprüche. Darüber hinaus sahen sie sich aber wie die Regierungsmitglieder in Prag als strategische Partner Frankreichs, das langfristig sowohl gegen Deutschland als auch gegen den Kommunismus eine neue Staatenordnung in Mittelosteuropa errichten wollte.

Vor diesem Hintergrund besprachen Alliierte auch die Gefahr eines »roten Umsturzes« in Wien, zumal die ökonomische, soziale und politische Lage vor Ort nicht ohne Grund als instabil eingeschätzt wurde. Demonstrationen und linke Putschversuche schürten die Ängste. Nicht viel beruhigender empfanden Engländer und Franzosen den Umstand, dass das Territorium eines österreichischen Reststaates zum Zankapfel wurde und dessen Streitkräfte mit ungarischen und vor allem mit südslawischen Einheiten blutige Gefechte austrugen.

Die globale Lage überblickend, wurden nach dem Kriegsende 1918 also zahlreiche kriegerische Auseinandersetzungen in verschiedenen Teilen der Welt ausgetragen. Von Frieden konnte nur sehr bedingt die Rede sein.

»Entwurzelte«

Das vierjährige Massenschlachten und die daran anschließenden Konflikte verschärften in einigen Regionen die Versorgungslage weiter. Lediglich mit sofortigen, von Berlin und Wien erbetenen Hilfsmaßnahmen glaubte man im Bereich der früheren Mittelmächte Schlimmeres verhindern zu können. Weiter östlich hingegen kam es während des blutigen Kampfes um den Machterhalt des Sowjetregimes zur Hungerkatastrophe, denen in Russland nach offiziellen Schätzungen allein 1921/22 rund fünf Millionen Menschen zum Opfer fielen.

Parallel dazu wurden vor allem die früheren Herrschaftsgebiete der Habsburger- und Romanowdynastie Schauplätze von Migrationen in einem bislang kaum gekannten Ausmaß. Die Flüchtlingsströme schwollen an. In Österreich zählte man 1917 über 760.000 Vertriebene, obwohl bereits ab 1915 rund 250.000 in ihre frontnahen Siedlungen zurückkehren konnten. Die Behandlung von Schadensersatz- und Wiederaufbauforderungen in den Kampfgebieten fand dann durch den Zerfall der Donaumonarchie ihr abruptes Ende. Nachfolge- und Nachbarstaaten sahen sich darüber hinaus vor zusätzliche Belastungen gestellt: Speziell Warschau musste sich mit Zwangsdeportationen befassen, nachdem von der Zarenarmee ungefähr 740.000 Polen ins russische Kernland verschleppt worden waren. Ein ähnliches Schicksal hatten unter Nikolaus II. zirka 300.000 Litauer, 250.000 Letten und 350.000 Juden erlitten. Rechnet man zu den »Evakuierten« noch jene hinzu, die von sich aus vor den Gefechten geflohen waren, ergab sich eine Summe von sechs Millionen Zivilisten, die am Beginn des Jahres 1917 auf dem Boden des wankenden Romanowimperiums eine dauerhafte Bleibe suchten.

Das ganze Ausmaß der Entwurzelung war damit noch lange nicht erfasst. Schließlich stand die Repatriierung von Kriegsgefangenen an, die sich oft noch Jahre nach Kriegsende in den früheren Feindstaaten befanden. So bedurfte es beispielsweise einer konzertierten Aktion mehrerer internationaler Organisationen, um von 1920 bis 1922 über 425.000 Soldaten in ihre Heimatländer zurückzubringen.

Alliierte Kreise ließen sich diesbezüglich jedoch nicht nur von humanitären Grundsätzen leiten. Vielmehr entwarf man Pläne, Gefangenenarmeen zu bilden, um sie zur »Bolschewismusbekämpfung« einzusetzen, nachdem die Kommunisten ihrerseits Rekrutierungsmaßnahmen unter »ausländischen Werktätigen« zur Stabilisierung des »Oktoberregimes« durchgeführt hatten. Offensivkonzepte, in denen westliche Militärs ihre Träume von der Eroberung Moskaus, der Sowjethauptstadt seit dem Frühjahr 1918, festhielten, erwiesen sich jedoch als gleichermaßen abenteuerlich wie unrealistisch. Auch die Stärkung der Gegner Lenins unter den Russen, insbesondere der »weißen« Generäle, verfehlte ihr Ziel.

Verträge

Antibolschewistische Kreuzzugsfantasien reduzierten sich mit dem Sieg der Roten Armee und dem Entstehen der UdSSR auf Defensivstrategien. Ein »cordon sanitaire«, ein Sicherheitsgürtel von Territorialstaaten zwischen der Ostsee und dem Balkan, sollte den »roten Seuchenherd« in Quarantäne halten. Dabei sprangen französische Stabsoffiziere sogar über ihren eigenen Schatten, als sie bereits im Wald von Compiègne den deutschen Erzrivalen dazu veranlassten, einige seiner Truppen vorläufig als Schutzschirm gegen Sowjetverbände im Baltikum zu belassen. Obwohl Berlin zur Annullierung des Vertrags von Brest-Litowsk und zur Aufgabe seiner Ostexpansion gezwungen wurde, sah man Verbände aus dem zusammengebrochenen Hohenzollernreich in Anbetracht der »kommunistischen Gefahr« wenigstens vorübergehend und teilweise als taktische Verbündete.

Ansonsten allerdings ließen Paris und London keinen Zweifel darüber aufkommen, dass sie die bedingungslose Kapitulation der Weltkriegskontrahenten erwarteten. Immer offensichtlicher entfernte man sich hiermit von den ursprünglichen Vorstellungen des US-Präsidenten Woodrow Wilson. Die Zentralmächte sollten, so seine Auffassung, nach der Beseitigung der bisherigen Staatsführungen an den Verhandlungen teilnehmen. Nun aber wurden die Besiegten nicht in die Friedensgespräche eingebunden. Regierungschefs Frankreichs, Großbritanniens, Italiens und der Vereinigten Staaten blieben im Wesentlichen unter sich. Nach kontroversiellen Debatten in der französischen Hauptstadt lagen Vertragsentwürfe vor, zu denen die Unterlegenen ausschließlich schriftlich Stellung nehmen durften.

Lediglich durch einige diplomatische Noten konnten kleinere Veränderungen erzielt werden. Ansonsten obsiegte das Ansinnen, die »preußische« Bedrohung Europas auf ein Minimum zu beschränken. Neben hohen Reparationszahlungen und gravierenden Rüstungsbeschränkungen hatte Deutschland, dem überdies lediglich ein Berufsheer von 100.000 Mann zugestanden wurde, unter anderem die Abtretung Elsass-Lothringens, Posens, Westpreußens und des Memelgebietes zu akzeptieren. In einer Reihe von Territorien waren Abstimmungen über die künftige Staatszugehörigkeit geplant, in anderen Fällen, vor allem bezüglich der Kolonien, billigte man dem Völkerbund eine Schlüsselposition zu. Über dessen Auftrag mussten strittige Regionen vielfach den »fortgeschrittenen Nationen« überlassen werden. Die »Verlierer« aber fanden zunächst in der ab 1920 tätigen Organisation der internationalen Gemeinschaft keine Aufnahme.

Berlin, offiziell als Alleinschuldiger des Ersten Weltkriegs gebrandmarkt, lehnte die Friedensbedingungen vorerst ab. In Anbetracht pessimistischer Einschätzungen der Generalität sah man sich jedoch gezwungen, von militärischen Widerstandsmaßnahmen abzusehen. Die in Weimar tagende verfassunggebende Nationalversammlung musste sich auf verbale Proteste beschränken. Eine von der SPD dominierte Regierungskoalition unterzeichnete schließlich in Versailles Ende Juni 1919 den Vertrag und verlor kurz darauf bei den Wahlen die Mehrheit.

Obwohl das Kaiserreich der Hohenzollern 1918 Russland mit den Bestimmungen von Brest-Litowsk wesentlich mehr abverlangt hatte und die Pariser Friedenskonferenz französische Gebietsforderungen an der Rhein-Grenze zurückwies, herrschte in der entstehenden »Weimarer Republik« ebenso Empörung wie in Wien und Budapest. Den Verbündeten Deutschlands im Ersten Weltkrieg erlegte man in den Verträgen von St-Germain 1919 und Trianon 1920 gleichfalls drastische Abrüstungsvorschriften auf. Außerdem wurde Österreichs Streben nach einer Vereinigung mit Deutschland unterbunden. Das »Anschlussverbot« hätte lediglich der Völkerbundrat aufzuheben vermocht. Damit jedoch wäre eine Vergrößerung des Weimarer Staates verbunden gewesen, weshalb die Westmächte der ökonomisch schwachen Alpenrepublik bald lieber finanziell unter die Arme griffen, um ihre Unabhängigkeit zu garantieren. Statt Geld zu fordern, wie eigentlich vorgesehen, versuchte man vielmehr in einer tristen ökonomischen Gesamtlage die österreichische Wirtschaft mit Anleihen zu stabilisieren.

Trotz der Abtretung von Südtirol an Italien, der Untersteiermark an Jugoslawien und Teilen Böhmens und Mährens an die Tschechoslowakei vermochte die Wiener Regierung im Übrigen Ansprüche auf Südkärnten und das Burgenland durchzusetzen. In territorialer Hinsicht fühlte sie sich damit nichtsdestoweniger ähnlich benachteiligt wie Ungarn, das fast siebzig Prozent seines früheren Staatsgebietes und 59 Prozent seiner bisherigen Bevölkerung verlor – darunter drei Millionen Magyaren, die in den Nachbarländern eine Minderheit bildeten. Bulgarien erging es im Unterschied dazu besser, auch wenn Sofia im Frieden von Neuilly Ende 1919 auf den Zugang zur Ägäis verzichten, Reparationszahlungen leisten und die Stärke seiner Streitkräfte, ähnlich wie die übrigen Kriegsverlierer, deutlich reduzieren musste.

Revision

Nicht viel anders verhielt sich die Entente in Bezug auf die Heeresverbände der Türkei. Darüber hinaus stand sogar die Eigenständigkeit des Reststaates auf dem Spiel. Der Sultan hatte nicht allein den Verlust von ägäischen Inseln und osmanischen Einflusszonen, unter anderem in Syrien, Palästina, Arabien und im Irak, hinzunehmen. Speziell Großbritannien beharrte außerdem auf der fortdauernden Besetzung Konstantinopels und der Dardanellen. Weiters betrafen die Bestimmungen des im August 1920 geschlossenen Vertrags von Sèvres auch Anatolien: Neben dem Verzicht auf Armenien und kurdische Gebiete verlangte man von Istanbul, den Franzosen Kilikien, den Italienern Teile der Südküste und den Griechen Izmir mit seinem Hinterland zu überlassen.

Der übriggebliebene »Rumpf«, der zur Sicherung von Okkupationskosten auch noch einer alliierten Finanzkontrolle unterstellt war, empörte sich dagegen. Die von Kemal Pascha geleitete national-türkische Revolutionsbewegung beendete die Herrschaft des Sultans, der das Übereinkommen von Sèvres unterzeichnet hatte. Eine Republik entstand, die für Anatolien volle Souveränität beanspruchte, den Rückzug von Ententetruppen erzwang und sich durch einen groß angelegten Bevölkerungsaustausch auch ethnisch von den Griechen abgrenzte. Die neuen Machtverhältnisse wurden schließlich international durch den Vertrag von Lausanne weitgehend anerkannt. Die Freiheit der Dardanellen-Durchfahrt gestand Kemal »Atatürk« zwar zu, insgesamt jedoch betrachtete man speziell die britische Orientpolitik als gescheitert. Englands Kriegspremier David Lloyd George stürzte darüber schon im Oktober 1922. Der letzte Protagonist der Pariser Vorortverträge verließ die Bühne der Weltpolitik.

Die Nachkriegsordnung begann zu bröckeln, nachdem man sie kaum etabliert hatte. Derartige Entwicklungen waren allerdings schon vor der Umgestaltung Kleinasiens und des Nahen Ostens abzusehen. Sowjetrussland, das sich gegen ausländische Interventen und antibolschewistische Russen durchsetzte, trug die Vereinbarungen von Versailles, Saint-Germain, Neuilly und Sévres ohnehin nicht mit. Aber selbst ein von den Westmächten gestütztes Polen respektierte seine vom britischen Außenministerium vorgeschlagenen Ostgrenzen nach ethnischen Prinzipien keineswegs. Warschau verwickelte sich in Kampfhandlungen mit der Roten Armee. In Riga wurde dann am 18. März 1921 ein Übereinkommen mit Lenins Regierung ausgehandelt. Regionen mit ukrainischer und weißrussischer Bevölkerungsmehrheit kamen unter die Kontrolle des polnischen Staates.

Weitere bilaterale Verträge und konventionelle diplomatische Initiativen trafen sich indessen mit den Bemühungen der Kremlführung, die Isolation Räterusslands aufzubrechen. Langfristig hielt Moskau aber immer noch an weltrevolutionären Konzepten fest. Unter anderem mithilfe kommunistischer Gefolgsleute im Ausland hoffte die UdSSR auf den Zusammenbruch des Kapitalismus.

Damit sollte gewissermaßen nebenher das »System von Versailles« beseitigt werden, von dem sich in der Zwischenzeit sogar die USA verabschiedeten. Woodrow Wilson fand keine parlamentarische Mehrheit für das Friedenswerk. Seine innenpolitischen Gegner befürchteten durch ein Engagement im Völkerbund die dauerhafte Verwicklung in »sinnlose Kriege«. Der »League of Nations« und den Pariser Vorortverträgen blieb die Anerkennung durch die Vereinigten Staaten versagt. Der Kongress erklärte seinerseits am 20. Mai 1920 den Krieg für beendet. Der Senat ratifizierte am 18. Oktober zwischenstaatliche Übereinkünfte mit dem Deutschen Reich, Österreich und Ungarn. Washington bevorzugte unter Berufung auf seine Bündnisfreiheit einen »selektiven Unilateralismus«.

Bürgerkriege

Plädoyers für eine dauerhafte Völkerverständigung übertönten inzwischen vor allem die Hassredner unter den Besiegten. Manche Kräfte, welche die vermeintliche »Schmach« der Weltkriegsniederlage nicht ertragen wollten, sannen auf einen Tag der Abrechnung. Hauptsächlich in Mittel- und Osteuropa wurde gegen Regelungen und Grenzziehungen der Jahre 1919 und 1920 mobil gemacht. Ein gemäßigterer Revisionismus geriet dabei zunehmend ins Hintertreffen gegenüber dem Revanchismus der extremen Rechten.

Sie instrumentalisierten nicht nur die verbreitete Unzufriedenheit mit dem »Schandfrieden«, sondern lasteten ihn zugleich den weltanschaulichen Kontrahenten im eigenen Land an. In völliger und nicht selten bewusster Verkennung der tatsächlichen Machtverhältnisse ab 1918 hetzten sie gegen »Verbrecher«, die sich den alliierten Forderungen bereitwillig gefügt hätten. Die Legende vom »Dolchstoß des Hinterlandes« gegen eine intakte Front und immer noch wehrfähige Nation vermischte sich mit den Kampfparolen gegen »Unruhestifter« und »Verursacher des Chaos«. Bolschewismus und Versailles gehörten als simplifizierte Feindbilder bald zur ideologischen Grundausstattung einer raschen Radikalisierung.

Definition

Dolchstoßlegende: Sie zielt auf die Behauptung ab, wonach Deutschlands Niederlage nicht auf militärisches Versagen, die Erschöpfung der kämpfenden Truppen oder Fehlentscheidungen der Armeespitze zurückzuführen war, sondern auf die Schwäche ziviler Stellen beziehungsweise auf den Verrat verschiedener Personen oder ganzer Gruppen im Hinterland. Dieser Interpretation zufolge war die »Heimat« der Armee in den Rücken gefallen. Unter Verdacht geriet nicht zuletzt die Linke. Auch der Antisemitismus speiste sich unter anderem aus solchen Verurteilungen. Die Nationalsozialisten machten dann pauschal »Judentum und Marxismus« für die Niederlage Deutschlands im Ersten Weltkrieg verantwortlich.

Neben den umstrittenen Friedensbedingungen rückte damit »der Kommunismus« in das Zentrum historischer Langzeitbetrachtungen. Die »Oktoberrevolution« und das Jahr 1917 stehen unter diesen Vorzeichen am Anfang von Ereignisketten, die in relativ wenigen Jahren auch Faschismus und Nationalsozialismus hervorbrachten. Eine chronologische Reihenfolge von Aktion und Reaktion sei zu beobachten, meinten zumindest einige

Forscher, die daran anschließend Tendenzen zur umfassenden gesellschaftlichen Polarisierung bis 1945 erkannten. Bemerkenswert fand man diesbezüglich nicht zuletzt den Umstand, dass Konfliktlinien sowohl innerhalb der verschiedenen Staaten als auch über nationale Grenzen hinweg zu beobachten waren und hochgradig ideologisierte Auseinandersetzungen demnach den Charakter eines »europäischen Bürgerkrieges« annahmen.

Den imposanten Entwurf eines elementaren Gegensatzes zwischen Anhängern und Feinden des »sozialistischen Experimentes«, der in den finalen Akt eines NS-Vernichtungsfeldzuges gegen die UdSSR unter Josef Stalin mündete, kennzeichneten jedoch einige Ungereimtheiten. Immerhin existierten mehrere Antibolschewismen, die sich nicht ohne Weiteres auf einen Nenner bringen ließen. Zwar existierten in West- und Mitteleuropa übergreifende kultur- und mentalitätengeschichtliche Muster, die koloniale und rassistische Überheblichkeit förderten. Das gemeinsame Bild von Lenins Herrschaft als Fortsetzung des »asiatischen Despotismus« etwa darf jedoch nicht über fundamentale Diskrepanzen zwischen liberalen und antipluralistischen Kontrahenten des Sowjetsystems hinwegtäuschen. Autoritäre und faschistische Bewegungen, die sich selbst voneinander unübersehbar unterschieden, glichen in ihrer Ablehnung des »westlichen« Demokratieverständnisses und in ihrer Hinwendung zur antiindividualistischen Verherrlichung der »Kollektive« bisweilen sogar ihren kommunistischen »Erzrivalen«.

Andererseits gab es eine Vielzahl von klaren Abgrenzungen zwischen »linken« und »rechten« Diktaturen: Die Frontstellung seit dem Ersten Weltkrieg lief keineswegs nur auf konträre Standpunkte zu Klassenkampftheorien, markt- und planwirtschaftlichen Konzepten hinaus. Allen voran der Nationalismus und Rassismus des »Dritten Reiches« verkörperte einen »Antiuniversalismus«, der den allgemeingültigen Losungen der Französischen Revolution widersprach. Moskau tat sich vor diesem Hintergrund mit London, Paris und Washington zusammen. Nach der Niederlage des NS-Schreckensregimes aber gingen die grundsätzlich inkompatiblen Alliierten wieder getrennte Wege. Der »Kalte Krieg« setzte einen seit der »Oktoberrevolution« geführten Prinzipienstreit zwischen der »westlichen Freiheit« und der »östlichen Gleichheit« fort, den manche Kommentatoren in den Rang eines »Weltbürgerkrieges« erheben.

Katastrophenzeitalter

Durch die Eckdaten 1917 und 1991, das Entstehen und den Untergang der Sowjetunion, erhielt die Analyse der Ereignisse von 1914 bis 1918 eine besondere Bedeutung, zumal der »Rote Oktober« wenigstens teilweise als »Kind« des vierjährigen Massenschlachtens betrachtet wurde. Lenins Parole von der nationalen Selbstbestimmung, die in Woodrow Wilsons Programm ihren Widerhall fand, führte allerdings zu Ordnungskategorien, die lediglich bedingt mit Bürgerkriegsstrategien übereinstimmten. Die Zeitzeugen wähnten sich vielmehr inmitten eines gewaltsamen Ringens um »völkische Besitzstände« und imperiale Einflussbereiche: Großbritannien und Frankreich wahrten ihre globale Bedeutung. Moskau behielt neben seinem proletarischen Internationalismus die früheren Grenzen des untergegangenen Zarenreiches im Auge. Die nationalsozialistische Führung unter Adolf Hitler ging über die Zerstörung des »Versailler Systems« sowie die »Sammlung deutscher Gebiete« hinaus, indem sie stufenweise mit dem Griff nach dem europäischen Kontinent und schließlich nach Übersee den alten »wilhelminischen Traum« von der Weltgeltung realisieren wollte.

Brutaler und weltanschaulich verschärft kam es zu einem neuerlichen »Wettlauf der Großmächte«, der sich unter anderem in vorübergehenden Absprachen zwischen Hitler und Stalin über die Kontrolle Mittelosteuropas sowie in den Expansionsbestrebungen des japanischen Kaiserreiches manifestierte. Wichtiger aber noch war, dass Berlin wieder und noch deutlicher als Aggressor in Erscheinung trat. Das Ende des NS-Regimes stellte somit eine tief greifende Zäsur dar. Sie bewirkte in Zentraleuropa die Etablierung des Parlamentarismus und des Kapitalismus »westlicher Prägung«, eine Tendenz, die Südeuropa und schließlich mit dem Fall des »Eisernen Vorhangs« auch den »Ostblock« erfasste.

Vor diesem Hintergrund begreifen Historiker die Dekaden zwischen 1914 und 1945 als Krise der Moderne und als schmerzvollen Durchbruch zur demokratischen Massengesellschaft. Handlungsabläufe und Werthaltungen, eine gewisse Elitenkontinuität sowie ähnliche Konflikt-, Denk- und Ordnungsmuster verknüpfen aus ihrem Blickwinkel die »Weltbrände« von 1914 bis 1918 und von 1939 bis 1945 zu einem einzigen »Katastrophenzeitalter« oder zu einem zweiten »Dreißigjährigen Krieg«.

An einigen Beispielen wurde diese Lesart des 20. Jahrhunderts präzisiert, etwa am »Triumph« des »Dritten Reichs« über Frankreich 1940. Damit »glückte«, was bis 1918 nicht gelingen mochte, ein Zusammenhang, der von aufmerksamen Beobachtern früh erkannt wurde.

Über den »Revanchesieg« im Westen hinaus lebte aber auch der Wunschtraum Berlins von einem gewaltigen Ostimperium ein weiteres Mal auf: Was 1918 mit dem Vertrag von Brest-Litowsk bereits Wirklichkeit zu werden begann, schien Hitlers Generation nach dem Angriff auf die Sowjetunion endgültig zu realisieren.

»Totale Kriege«

Umgesetzt wurden Entwürfe einer Germanisierungspolitik, welche die »Ethnisierung« der Kampfhandlungen anzeigte. Übergriffe auf die Zivilbevölkerung folgten Homogenisierungsutopien, die schon 1914/15 vor allem in Belgien, am Balkan und Galizien zu »Säuberungsmaßnahmen« führten. Deportationen und Exekutionen von Geiseln oder Verdächtigen waren die Konsequenz. Die »jungtürkische Reformbewegung« zeichnete schließlich ab dem Frühjahr 1915 für einen Genozid an den als unzuverlässig eingeschätzten Armeniern verantwortlich, der sogar die verbündeten Mächte verstörte. Deutsche Diplomaten schätzten im Herbst 1916 die Zahl der Opfer auf 1,5 Millionen Menschen, und viele Zeitgenossen sahen darin jene neue Gewaltdimension, die sich zeitgleich im massenhaften Sterben an den Fronten des Weltkriegs offenbarte.

Der Sommer 1914 wurde unter derartigen Bedingungen einmal mehr als klare Trennlinie zur vorherigen Friedenszeit begriffen, obwohl die Perspektive mehr als trügerisch war. In den Balkankriegen 1912/13 gehörten Massenmord und -vergewaltigungen bereits zum »Alltag« einer schrankenlosen Gewalteskalation. Zurückgedrängte Türken definierten infolgedessen den »Osmanismus« anders und verstanden darunter jetzt ihre islamisch eingefärbte Hegemonie über andere Ethnien und Religionen.

In manchen Regionen trat mit erschreckender Konsequenz ein nationaler Formierungsprozess hervor, der die »eigene Bevölkerung« stärker in die Pflicht nahm und umgekehrt »Fremdes« abstieß. Die Aufdeckung von Verrat und Spionage beschäftigte schon Vorkriegsgesellschaften, die im Zuge einer etappenweisen Demokratisierung überdies mit dem Prinzip der »levée en masse«, der Bewaffnung aller Bürger, vertraut gemacht wurden. Geschehnisse ab 1789 standen bereits unter dem Zeichen der »Entgrenzung« bewaffneter Konflikte. Dass man in den »Volkskriegen« angesichts des industriellen Fortschrittes enorme Verluste zu erwarten hatte, ließ sich überdies etwa am Verlauf des Krimkrieges von 1853 bis 1856 oder des amerikanischen Sezessionskrieges von 1861 bis 1865 erkennen. Auch die Verschmelzung von Wirtschaftspolitik und Kriegsplänen, von zivilen und militärischen Bereichen war seit Längerem absehbar.

Technische Innovationen kündigten sich gleichfalls über Dekaden an. Verbesserte Kommunikationsmöglichkeiten verkürzten die Nachrichtenübermittlung. Diplomaten agierten ebenso in einer sich verändernden Raum- und Zeitwahrnehmung wie Offiziere, die sich daran zu gewöhnen hatten, dass es nicht mehr um das eine entscheidende »Treffen« oder das Duell »Mann gegen Mann« ging.

Weitläufige Grabensysteme, MG-Nester und der Einsatz anderer Feuerwaffen mit größerer Reichweite schufen »Schlachtregionen«, in denen das »Tötungshandwerk« vielfach anonymisiert wurde und speziell der Soldat am Artilleriegeschütz einem »Kriegsarbeiter« ähnelte. In gespenstischen Frontlandschaften gelangten zudem neue Mordinstrumente zum Einsatz. Tanks versinnbildlichten die entmenschlichte Industrialisierung des Massensterbens gleichermaßen wie der Einsatz von chemischen Substanzen. Schon vor 1914 für Polizeiabteilungen entwickelt, griffen die Kontrahenten nun insgesamt auf 112.000 Tonnen Giftgas zurück, die ungefähr 20.000 Heeresangehörige töteten und weitere 500.000 oft schwer und dauerhaft verletzten.

Gewandelt hatte sich unterdessen außerdem die Rolle einer 1914 erst rudimentär vorhandenen Luftflotte. Die Produktion von Flugzeugen sowie die Aufstellung von Jagdstaffeln trugen zur weitgehenden Emanzipierung einer Waffengattung bei, über deren künftigen Einsatz jedoch bei den »Experten« keine Einigkeit bestand. Es blieb den Streitkräften der 1930er- und 1940er-Jahre vorbehalten, die bis 1918 vereinzelt durchgeführten Bombenangriffe auf Zivilisten zur Gewohnheit einer sich immer noch radikalisierenden Kampfweise zu machen. Die Gewaltspirale drehte sich weiter, bis der grelle Lichtblitz von Hiroshima in zwei Minuten das eherne Prinzip auslöschte, dass Krieg das letzte Instrument der Politik sei. Atommächte wählten danach ein gefährliches Spiel der Abschreckung. Verwissenschaftlichung und Professionalisierung des Berufssoldatentums suggerierten hingegen bisweilen, das Töten eingrenzen zu können.

Jenseits der Debatten über die zukünftige Kontrolle privater und staatlicher Gewalt sehen Geschichtsforscher indes genug Anhaltspunkte, um den »totalen Krieg« bereits wieder zu historisieren. Aufgrund seiner Zielsetzungen, Vernichtungsmethoden, Massenmobilisierungen, Zensur-, Überwachungs- und Terrormaßnahmen dürfe er, so der Befund, als Phänomen einer Epoche zwischen der Mitte des 19. Jahrhunderts und dem Ende der NS-Regimes angesehen werden. Der Erste Weltkrieg stelle in dieser »Ära« also eine Etappe auf dem Weg in die »Sackgasse« von 1945 dar, erweise sich unter derartigen Gesichtspunkten weniger als Zäsur, sondern als wichtiger Abschnitt innerhalb längerfristiger Phänomene und Umstrukturierungen.

Beschleunigungseffekte

Sozusagen an Nebenfronten blühte vor einem solchen Hintergrund zudem die Filmindustrie auf. Sie hatte sich in Hollywood bis 1915 voll etabliert und konnte danach von den USA an ihre »patriotische Pflicht« erinnert werden. Zur Propagandawaffe entwickelte sich aber auch das europäische Kino, das schon vor 1914 Zulauf erhielt. Hatten es die Oberschichten jedoch bislang oft noch als »Jahrmarktspektakel« verachtet, erfuhr es nun mit dem »Dienst für das Vaterland« eine Aufwertung. Die attraktiven Lichtspieltheater sollten erzieherisch wirken. Mit »Schützenhilfe« und unter der Obhut des Staates wurde zugleich die Organisationsbasis des breitenwirksamen Mediums erweitert und auf neue Fundamente gestellt. Aus filmgeschichtlicher Perspektive fungierte der Erste Weltkrieg somit als »Durchlauferhitzer«, der sich vorhandener »Ingredienzen« bediente und sie gewissermaßen »aufwärmte«.

Einer ähnlichen Dynamik unterlag die Verstärkung von Feindbildern. Werthaltungen und Aversionen mussten kriegführende Staaten lediglich aufgreifen. Ein weit zurück reichender Antisemitismus etwa hatte seine Wurzeln nicht zuletzt in einem religiös motivierten »Judenhass«, auf den jüngere Vorurteile aufbauten. Die »Mosaischen« wurden zur Zielscheibe von Modernisierungsängsten. Nationale Strömungen und wirtschaftliche Konkurrenten sahen sie als »heimatlose Kosmopoliten« und »entwurzelte Profiteure«, entstehende Massenparteien verachteten sie als Repräsentanten eines »gierigen Kapitalismus« und eines »zügellosen Liberalismus«. Aus dem Zarenreich langten Nachrichten über Pogrome ein. Im ganzen übrigen Europa sammelten sich mit unterschiedlichem Zuspruch Kräfte, die ihren antisemitischen Ansichten eine teilweise rassistische Tönung gaben. »Israelitische« Flüchtlinge aus den Front- und Etappengebieten senkten ab 1914 die bereits niedrige Toleranzschwelle speziell in Mittel- und Osteuropa weiter. Das »Hinterland« redete von der »Überfremdung« der »Heimat« und der »Reinheit« der »eigenen Art«. Die Deutsche Oberste Heeresleitung begann jüdische Soldaten zu zählen, denen »Drückebergerei« unterstellt wurde. Bald erblickte man in den Ausgegrenzten zudem die Hauptschuldigen für die Versorgungskrise und den Umsturz. Überall dort, wo Revolutionen drohten oder stattfanden, stiegen Rassismus und Antisemitismus an. Ein Synkretismus der Ressentiments empörte sich gegen einen sogenannten »Judobolschewismus«, den der Nationalsozialismus »auszumerzen« versprach.

Weichen zum industrialisierten Genozid in Auschwitz wurden gestellt, wobei der pseudowissenschaftliche Diskurs vom »Recht des Stärkeren«, von der Verdrängung des Schwächeren und von der Liquidierung der »Schädlinge« den Weg zum Holocaust ebnete. Die Voraussetzungen hierfür schufen unter anderem eugenische beziehungsweise sozialdarwinistische Überlegungen. Sie entstammten den Diskursen des 19. Jahrhunderts und prägten die Denkweise von Medizinern, welche den Ersten Weltkrieg als »Zuchtwahl im umgekehrten Sinne« empfanden. Die Mobilisierung und Opferung der »tüchtigsten« und »besten Volksteile« käme, urteilten sie, einer negativen Auslese gleich. Bevorzugt würden hingegen »Parasiten« und »Minderwertige«, denen eine pervertierte Leistungsideologie das Existenzrecht absprach. In letzter Konsequenz löste sich die brutalisierte »Biopolitik« von moralischen Bedenken und fand im NS-„Euthanasieprogramm« als weiteren Massenmord des »Dritten Reichs« ihren Höhepunkt.

Prozesse und Umbrüche

Die Ereignisse von 1914 bis 1918 dienten vielfach als »Zwischenstation« in einem Mentalitätswandel, der sich längst vorzubereiten schien. Auf vergleichbare Weise wurzelten unterschiedliche Geistesströmungen im 19. Jahrhundert: Gesellschaftliche und politische Umschichtungen fanden statt, die sich 1917/18 speziell in den zerfallenden mittelosteuropäischen Kaiserreichen beschleunigten und die Etablierung neuer Werthaltungen und Strukturen begünstigten.

Sozialistische Bewegungen waren dafür ein gutes Exempel: Das Gros der Gemäßigten verankerte sich nach und nach in den Vertretungskörperschaften der Großmächte, vertiefte damit allerdings die Kluft zu weiter links stehenden Kräften. Der Konflikt war keineswegs neu: Die radikale Überwindung des Kapitalismus passte nicht zu Plänen, die bescheidenere Veränderungen vorsahen, das System verbessern und damit möglicherweise festigen wollten. Reibungsflächen zwischen Reform- und Revolutionsanhängern ließen sich erkennen, als 1914 eine Minorität vom Kurs der Regierungen und von der Burgfriedenpolitik der »roten« Mehrheitsrichtung Abstand nahm. 1915/16 trafen sich Oppositionelle in der Schweiz, lehnten aber Lenins Vorschlag ab, den Aufstand zu wagen und damit die Einheit des Proletariats zu gefährden.

Der Führer der Bolschewiki, der das »imperialistische« Kräftemessen in einen »internationalen Bürgerkrieg« verwandeln wollte, verfügte erst nach der Machtergreifung in Russland über genug Einfluss, um eine anfangs heterogene Gefolgschaft auf weltrevolutionäre Ziele unter Moskauer Führung einschwören zu können. KP-Vereinigungen, darunter einige starke nationale Organisationen, unterwarfen sich der eisernen Disziplin einer 1919 gegründeten III. oder Kommunistischen Internationale. Fast zeitgleich riefen reformorientierte Sozialisten die II. Internationale wieder ins Leben. Für Parteien und grenzüberschreitende Plattformen zwischen den beiden Blöcken blieb kaum Platz. Beispielsweise zerfiel die 1917 entstandene und durchaus einflussreiche Unabhängige Sozialdemokratische Partei Deutschlands. Der eine Teil ging zur KPD, der andere zur SPD. Die Arbeiterbewegung spaltete sich weitgehend in zwei Lager, eine Entwicklung, die in die Vorkriegszeit zurück reichte, durch die Geschehnisse ab 1914 Konturen erhielt und in mancher Hinsicht erst durch den »Roten Oktober« konkrete Formen annahm.

Damit aber drängen sich einmal mehr Fragen über die Beziehung zwischen der Russischen Revolution und dem Ersten Weltkrieg auf. Letzterer könne, gaben Experten für osteuropäische Geschichte zu bedenken, nicht als einziger auslösender Faktor der großen Umwälzungen begriffen werden. Das Zarenregime stand schon 1905/07 vor dem Zusammenbruch. Ein innerer Problemstau verwies auf ökonomische, soziale und politische Modernisierungskrisen, die über Dekaden zur Isolation der »Autokratie« beitrugen. Agrarsozialismus, Arbeiterstreiks und die Abwendung der Intelligenz vom »Ancien Régime« erschütterten das Imperium. Niederlagen, Organisationsschwächen, Versorgungsengpässe und pazifistische Strömungen überspannten dann bis 1917 den Bogen. Front und Hinterland wirkten aufeinander ein. Die Unzufriedenheit bei der Truppe vermengte sich mit der Empörung unter den Zivilisten. Ereignisketten wurden verknüpft, verschiedene Kräfte in ihrer Wirkung potenziert. Der Krieg fungierte im Hintergrund wie ein Motor und beschleunigte die Entwicklungen. Das Hohenzollernreich wollte »dem russischen Feind« die Waffe aus der Hand schlagen und setzte auf Lenin, dem es die Rückkehr nach St. Petersburg ermöglichte. Die von den Deutschen erhoffte Weichenstellung erfolgte, wobei die »friedenswillige Sowjetmacht« wiederum mithilfe eines »Militärrevolutionären Komitees« zur Verteidigung der Hauptstadt gegen die Mittelmächte errichtet wurde. Stets zeigten sich unmittelbare Auswirkungen der mehrjährigen Kampfhandlungen an der Ostfront, die schließlich mit dem Vertrag von Brest-Litowsk im Großen und Ganzen endeten.

An der Dauerhaftigkeit der KP-Herrschaft zweifelten indes mitunter sogar Lenins engste Gefolgsleute. Ihre Machtergreifung signalisierte den destabilisierten europäischen Nationen jedoch eine Trendwende. Alternativen zu den herrschenden Verhältnissen wurden aufgezeigt, eine neue Ordnung propagiert, die auf dem Territorium des ehemaligen Romanowimperiums Gestalt anzunehmen schien. Realiter etablierte sich eine kommunistische Diktatur. Deren Festigung spannte wiederum einen Handlungsbogen von den blutigen Auseinandersetzungen der »Kremlherren« mit antibolschewistischen Kräften nach 1917 bis zur Zwangskollektivierung und zu den Feldzügen gegen »das Dorf« ab 1929. Die Revolution präsentierte sich als Prozess, der Krisen und Unruhen im Romanowimperium vor 1914 mit Stalins Terror in den 1930er-Jahren verband. Der »Oktoberumsturz« 1917 aber wurde rückblickend in den Rang eines Wendepunktes erhoben, als scharfe Zäsur regelrecht inszeniert und mythisch überhöht.

Schwerpunktverlagerungen

Langsamere Bewegungen und historische Umschichtungen führten währenddessen im Atlantikraum zu gegenläufigen Trends. Die USA hatten schon Ende des 19. Jahrhunderts England als führende Industrienation abgelöst. Washingtons Entscheidung für die Entente und gegen Berlin fiel dann im Namen eines »Wertekatalogs«, der Präsident Wilson zum Hoffnungsträger »aller fünf Erdteile« machte. Als er durch die Alliierten in Paris und die Zurückhaltung seines eigenen Landes in die Schranken gewiesen wurde, verzichteten die Vereinigten Staaten darauf, ihre Weltgeltung seit den 1890er-Jahren auszuspielen. Kurzfristig hatte die Präsenz von US-Truppen in Europa Machtverschiebungen offengelegt. Nach dem Sieg über Deutschland und seine Verbündeten verschaffte der amerikanische Rückzug den alten europäischen Hegemonialstaaten Frankreich und England eine Art »Atempause«, die über ihren anhaltenden Bedeutungsverlust allerdings nicht hinwegtäuschen konnte.

Die »alte Welt« schien ihre »Erstschlagskapazitäten« auf lange Sicht im vierjährigen »Flächenbrand« abgefackelt zu haben. Ihr Führungsanspruch stand zur Disposition, ihr Ansehen war beträchtlich ramponiert. Zusätzlich bedroht vom Ruf nach Selbstbestimmung, deutete sich das Ende der maritimen Imperien an. Globale Konflikte früherer Jahrhunderte waren letztlich im Kern vor allem Auseinandersetzungen unter den Briten, Franzosen, Holländern, Portugiesen und Spaniern gewesen. Nun kamen jedoch zu Japan und den USA als anerkannte »überseeische« Einflussfaktoren noch die selbstbewussteren Kolonien der Engländer hinzu. Die nationale Identität Australiens wurde etwa durch die Kriegsteilnahme an der Seite des Mutterlandes gestärkt. Als Signatarmacht der Pariser Vororteverträge wurde das nunmehr auch zunehmend industrialisierte Land Vollmitglied des Völkerbundes. Ebenso wie die anderen britischen Dominien erreichte es in den Empirekonferenzen von 1926 und 1930 beziehungsweise im Statut von Westminster 1931 die politische Unabhängigkeit. Als gemeinsame institutionelle Klammer blieb lediglich die Krone. Solche Übereinkünfte bedeuteten den Umbau des Weltreiches zu einem speziell auf Loyalität, Sprache und Tradition gegründeten Commonwealth und markierten den Höhepunkt eines Jahrzehnte dauernden Transformationsprozesses: Ab 1850 hatte London den Kolonisten Selbstverwaltung zubilligt. Durch den Zusammenschluss benachbarter Gebiete waren bis 1914 Kanada, Australien und Südafrika als territoriale Einheiten entstanden.

In den 1920er- und 1930er-Jahren stellte sich insbesondere für Briten und Franzosen aber auch die Frage, was mit den Mandatsgebieten des Völkerbundes geschehen sollte. Dahinter verbarg sich im Übrigen eine noch weiter reichende Problematik: Der Status Indiens, afrikanischer, asiatischer und karibischer Besitzungen oder Protektorate wurde diskutiert, die Abhängigkeit der »Farbigen« von einer »weißen Zivilisation«, deren angebliche Überlegenheit immer weniger Akzeptanz fand. Speziell in Bezug auf Frankreich sollte die Entkolonialisierung in der zweiten Hälfte des 20. Jahrhunderts blutig verlaufen und vor dem Hintergrund des »Kalten Krieges« von einer deutlichen ideologischen Polarisierung gekennzeichnet sein. Die Vorbedingungen dafür schuf in hohem Maße ein »Katastrophenzeitalter«, das vornehmlich aus europäischer Sicht mit den Schüssen von Sarajevo begann und mit der Überwindung des NS-Gewaltregimes endete.

Wirtschaftskrisen

Das blutige Kräftemessen zwischen 1914 und 1918 präsentierte sich aus kolonialpolitischem Blickwinkel neuerlich als Verstärker oder Multiplikator globaler Transformationsprozesse, ein Interpretationsmuster, das es zudem bei wirtschaftsgeschichtlichen Forschungsfeldern zu überprüfen galt.

Hier reichte die Gesamteinschätzung bisweilen so weit, den Ersten Weltkrieg überhaupt als eine Form des ökonomischen »Selbstmords« zu bezeichnen. Wachtumsraten dienten hierfür unter anderem als Argument. Sie blieben in den Gebieten von der französischen Atlantikküste bis zur Grenze der Sowjetunion insgesamt hinter den Daten anderer Erdteile zurück. Kontinentaleuropa ohne Russland produzierte 1919 zum Beispiel rund ein Drittel weniger Getreide als vor 1914. Der umgekehrte Trend ließ sich hingegen in Kanada und den USA feststellen.

Schwierigkeiten Deutschlands und Frankreichs resultierten unterdessen auch aus dem Streit um die Festsetzung von Reparationszahlungen, die der Vertrag von Versailles vorsah. Schwere Spannungen veranlassten Anfang 1923 Paris und Brüssel zur Entsendung eigener Truppen in das Ruhrgebiet. Die Aktion der alliierten »Pfänder« gab den Rechtsradikalen Auftrieb, welche schon 1920 gegen die Weimarer Republik erfolglos putschten. Zwar scheiterten im November 1923 auch Adolf Hitler und Erich Ludendorff mit ihrem Umsturzversuch in München und einem geplanten »Marsch auf Berlin«. Revisionisten sahen sich jedoch in ihren Überzeugungen dauerhaft gestärkt. Die Ruhrkrise belastete die Nachkriegsordnung politisch und ökonomisch, zumal sie eine neuerliche Verschlechterung der Wirtschaftslage mit sich brachte, die Frankreich ebenfalls betraf und eine Abwertung des Franc erzwang.

Abgesehen davon ließ sich allerdings oft schwer feststellen, welche Effekte der vierjährige »Waffengang« auf die Konjunkturentwicklungen hatte. Die gewaltige Inflation belastete sowohl Privat- als auch Staatshaushalte, förderte andererseits aber die Flucht des Kapitals in die Produktion. Einen trügerischen Nachkriegsboom stoppten dann jedoch Beschlüsse zur Budget- und Währungssanierung.

Vorerst in Großbritannien und kurz darauf auch auf dem Festland traten die langfristigen Konsequenzen der Kriegswirtschaft klarer hervor. Kaum leistungsfähig genug, um durch eigene Exporte ausgeglichene Bilanzen zu erreichen, hingen wichtige Staaten vor allem von US-Krediten ab. Ohne sie fanden wiederum die Vereinigten Staaten für ihre Überschüsse nicht genügend Abnehmer, während Washington umgekehrt durch Schutzzölle die seit 1914 ohnehin beeinträchtigte Handelskooperation auf internationaler Ebene erschwerte.

Als eine gigantische Spekulationsblase platzte und die Kurse an der New Yorker Wallstreet im Oktober 1929 zusammenbrachen, folgte dem »Börsenkrach« die »Große Depression« der 1930er-Jahre. Amerikanische Gläubiger zogen ihr Kapital aus Europa ab, der Protektionismus verschärfte sich. Eine »Strategie« des knappen, an den Goldstandard gebundenen Geldes führte zu Kürzungen von Löhnen, Staatsausgaben und Sozialleistungen sowie zu Investitions- und Konsumrückgängen, zu Einbußen bei den Steuereinnahmen und zu einem raschen Anstieg der Arbeitslosenzahlen, der in Deutschland mit dem Aufstieg des Nationalsozialismus einherging.

Nachwirkungen des Ersten Weltkrieges zeigten sich anhand von Ungleichgewichten der Märkte, Strukturschwächen der Produktion, Abschottungstendenzen der nationalen Ökonomien und deflationistischen Maßnahmen. Die Rezession ab 1930 forderte dann neuerlich Interventionen des Staates heraus, der schon bis 1918 sein Betätigungsfeld bedeutend erweitert hatte. Kaufkraft- und Arbeitsplatzverluste ließen sich dennoch nur mehr indirekt auf den Krieg zurückführen. Kurzfristige Einflussfaktoren mussten ebenso in Rechnung gestellt werden. Zudem hatten einzelne Länder, aber auch verschiedene Erwerbsbranchen abweichende Trends zu verzeichnen. Manche Industriezweige profitierten von den militärischen Auseinandersetzungen, technische Innovationen und moderne Herstellungsverfahren setzten sich durch.

Widersprüche

Divergierende Entwicklungen traten zutage. Einerseits fehlte es nicht an Hinweisen auf tief greifende Einschnitte, andererseits überdauerten Phänomene erkennbare Zäsuren. Nicht bloß unterschwellig konservierte sich etwa eine Krisenwahrnehmung aus dem Fin de Siècle, der Epoche um 1900. Den Lebensbedingungen in den Industriezentren und urbanen Ballungsräumen standen viele auch nach 1918 skeptisch gegenüber. Vergleichbares galt für die Vorstellung vom »freien Willen« des Individuums oder von der vernunftorientierten Handlungsfähigkeit der Kollektive. In mehrfacher Hinsicht schätzten Kenner das »Erneuerungspotenzial« der europäischen Avantgarde vor 1914 sogar höher ein als während und nach dem Ersten Weltkrieg. Dieser, meinen einige Fachleute, sei eher zu traditionellen Techniken und Darstellungsformen zurückgekehrt.

Andererseits hatte die Gewalteskalation Vorkriegskulturen auch diskreditiert. Der Historismus galt nicht länger als Leitstil der Architektur. Den Vorstellungen eines wohlgeordneten Kosmos stellte man das Gefühl der »Kontingenz« gegenüber, das den »Notwendigkeiten« eine Absage erteilte. Den Gegenentwurf hielten machtvolle marxistische Bewegungen bereit, die einen geschichtsoptimistischen Fortschrittsglauben verkündeten.

Progressivität leitete sich gleichermaßen von traumatisierenden Erfahrungen ab wie das konservative Bekenntnis zu Vertrautem. Schrille Töne überlagerten bisweilen die stille Trauer. Offizielle Heldenverehrung, Weltanschauungsfloskeln und Hetzpropaganda verdrängten und kompensierten Schockzustände, die erst später direkt verbalisiert werden konnten und möglicherweise um 1930 eine mediale Flut des kontroversiellen Gedenkens verursachten. Während der katastrophalen Wirtschaftskrise könnten sich solcherart emotionelle Nachwirkungen des Krieges mit dessen ökonomischen und politischen Konsequenzen zu einem gefährlichen Radikalisierungsschub verdichtet haben. Extremisten, die davon profitierten, mussten sich ein heterogenes Erbe des »Massenschlachtens« aneignen, abweichende Tendenzen, die den vielfältigen Modernisierungskonflikten insgesamt entstammten. Faschismus und Nationalsozialismus wurden demnach von Reibungsflächen zwischen Rückwärtsgewandtheit und Zukunftsorientierung geprägt. Der »Aufsteiger« Adolf Hitler etwa verkörperte »Obrigkeitsstaat« und »allgemeines Wahlrecht«, indem er einen plebiszitär legitimierten Führerstaat aus dem Nebeneinander des Antiparlamentarismus und des gleichzeitigen Anspruches der Massen auf Mitsprache formte.

Das schien auch den ambivalenten Werthaltungen der Frontgemeinschaften ab 1914 zu entsprechen, welche die volle Vernichtungseffizienz eines »industriellen Maschinenkrieges« teilweise als soziale und mentale Umwälzung erlebten. Auf der Kommandoebene schwankte man zwischen dem Interesse an den technischen Neuerungen und den althergebrachten »Tugenden« des ritterlichen Zweikampfes, als die Offiziere »alter Schule« im Sperrfeuer der Artillerie und der Maschinengewehre untergingen. Verwegene Attacken forderten gerade unter den bisherigen Eliten der europäischen Armeen einen hohen Blutzoll. In vielen Massenheeren ging ein Umschichtungsprozess vor sich, wurden Führungskader mit niedrigeren Chargen aufgefüllt. Die Egalisierungs- und Demokratisierungstendenzen bei den Truppen hatten allerdings ihre Grenzen. Anders als bei den Briten, Österreichern und Russen beförderten die Hohenzollernverbände ihre Unteroffiziere nicht über den Rang eines Feldwebelleutnants hinaus. Wichtiger war noch die Tatsache, dass sich die Männer in Gefechtsbereichen, Unterständen, Verteidigungsstellungen und Schützengräben an hierarchische Strukturen, militaristisches Gehabe und autoritäre Herrschaftsformen gewöhnten.

»Brutalisierungsthesen«

Zeitzeugen wie Nachgeborene machten außerdem das Kampfgeschehen und den Heeresdienst für eine generelle Verrohung verantwortlich. Tatsächlich führten Freiwilligenverbände und reguläre Streitkräfte nach dem Kriegsende 1918 Verwüstungs- und Depopulationskampagnen durch, verübten antibolschewistische Kräfte und »rote Garden« gleichermaßen Gräueltaten im Namen ihrer »Reinigungsideologien«. Die frei werdende Aggression gegen ganze Gesellschaftsschichten und politische Bewegungen entwickle sich, erklärten Mitstreiter Lenins, aus dem gewohnheitsmäßigen Morden. Millionen seien hingeschlachtet worden, das individuelle Leben zähle nicht mehr viel. Die »proletarische Revolution« werde unter »Strömen von Blut« geboren und orientiere sich zudem an den Machtorganisationen eines starken Staates, der seinen Einfluss bereits während des

Weltkrieges beträchtlich vergrößert habe. Die Geschehnisse zwischen 1914 und 1918 stellten Techniken und Strukturen bereit, die bei der Durchsetzung weltanschaulicher Großentwürfe Anwendung fänden. Aus der Totalisierung des Krieges und der Entgrenzung der Gewalt entstünden »totalitäre« Regime, befanden Gegner der Sowjetregierung und des italienischen Faschismus: In beiden Fällen handle es sich um einen allwissenden und alles durchdringenden Herrschaftstypus, einen »Moloch«, der sämtliche Gesellschaftsbereiche und jeden Einzelnen vereinnahme, den »Menschenrohstoff« verwerte und »Abfälle absondere« oder der »unerbittlichen Vernichtung« zuführe.

Differenzierungen

Ursachenbeschreibungen und Systemanalysen einer Extremvariante der Massenverwaltung und -unterdrückung wirkten plausibel, standen aber im Gegensatz zu Friedens- und Demokratisierungswünschen, die vor allem ab 1917 und 1918 unüberhörbar artikuliert wurden. Von den Grausamkeiten der Kämpfe und der Mobilisierung der »Heimatfronten« dürften keine pauschalen Thesen über die Brutalisierung von Soldaten und Teilen des Hinterlandes abgeleitet werden, betonen speziell jüngere Forschergenerationen. Weder herrschte 1914 uneingeschränkte Kriegsbegeisterung, noch setzte sich danach die Gewalt- und Tötungsbereitschaft kontinuierlich und überall fest. Zwar prägten soldatische Denkmuster selbst pazifistische Kräfte, wenn etwa der »Internationale Gewerkschaftsbund« Anfang der 1920er-Jahre in einer weltweiten Kampagne »dem Krieg den Krieg« erklärte. Dennoch deuten manche Untersuchungen darauf hin, dass Arbeiter und Bauern, anders als Teile des bürgerlichen Mittelstandes und der intellektuellen Eliten, den »großen Waffengang« nicht unbedingt als Zäsur oder schwere Erschütterung des Erwartungs- und Erfahrungshorizontes werteten. In deutschen und französischen Armeen standen bei den Mannschaften neben Gedanken an die nationale Einheit und einer mitunter religiös motivierten Bereitwilligkeit zu Selbstaufopferung oft Bindungen an Heim und Familie, christliche Vorstellungen der Brüderlichkeit und die Identifikation mit dem zivilen Leben höher im Kurs als eine militaristische Verarbeitung der Fronterfahrung und ein notfalls gewaltsames Streben nach einem grundlegenden gesellschaftlichen Wandel.

In den europäischen Ländern insgesamt fielen die Antworten auf das erlebte Grauen unterschiedlich aus. Gegen Säbelrasseln und Abenteurertum setzten sich in Großbritannien vorsichtige Reformer durch, denen eine gemäßigtere Arbeiterbewegung folgte und die während der Rezession 1931 eine Regierung aller maßgeblichen Parteien bildeten. In Frankreich wiederum brach zu dieser Zeit die Kluft zwischen Links und Rechts auf. Eine tiefe politische und moralische Krise verband man auch mit den Geschehnissen von 1914 bis 1918, obwohl unmittelbar danach zunächst bei sämtlichen Kräften eine pazifistische Grundstimmung dominiert hatte. Italien hingegen war nach den Friedensschlüssen von einer Zersplitterung gekennzeichnet, die der Faschismus ab 1922 um den Preis einer »Verstaatlichung der Bevölkerung« im Zeichen der Gewalt überwand. Das Beispiel Mussolinis vor Augen, steuerten auch deutsche Rechtsextreme einen antiparlamentarischen und antimarxistischen Kurs, während auf der Gegenseite starke Kommunisten die Sowjetdiktatur als Alternative zum »kapitalistischen« Pluralismus anboten. Eine von Gegensätzen charakterisierte Weimarer Republik ging mit der Verdrängung moderaterer Gruppierungen unter. Noch vehementer als die Führung in Rom beschritt Hitlers Reichsregierung den Weg in einen »Totalitarismus«, der »Bolschewismusbekämpfung« mit Demokratiefeindlichkeit, außenpolitischen Revisionismus mit imperialistischem Expansionsstreben und vorhandene ethnische Ressentiments mit einer bislang unbekannten Radikalisierung rassistisch-antisemitischer Standpunkte verknüpfte.

Das Gedenken an den Ersten Weltkrieg und die Entwicklung der Veteranenvereine spiegelten die regionalen und weltanschaulichen Unterschiede wider. Sozialistisch ausgerichtete Vereinigungen nahmen Kontakt mit den ehemaligen Feinden auf, bildeten grenzüberschreitende Dachorganisationen und setzten sich mit ähnlichen bürgerlichen Zusammenschlüssen in Verbindung. Gemeinsam erinnerte man an die Schrecken des mehrjährigen Blutvergießens und an die Notwendigkeit eines dauerhaften Friedens. Die rechten Verbände hielten sich hingegen von internationalen Gremien fern. In den besiegten Staaten ging es ihnen neben der Idealisierung des Frontgeists als Muster nationaler Einigkeit insbesondere um die Zerschlagung der »Versailler Ordnung«. Einen latenten Prozess der Remilitarisierung fördernd, traten sie mit ihrem Ruf nach einem »Kommandanten« und charismatischen »Führer« den Marsch in das Feldlager der Nationalsozialisten an.

Die NS-Parteileitung sah sich allerdings nach der Errichtung der Diktatur weiterhin mit gegensätzlichen Reaktionen der »Volksgenossen« konfrontiert. Trotz umfassender und damit auch mentaler Aufrüstung gab es 1939, beim deutschen Angriff auf Polen, nirgendwo Jubelgeschrei. Ein Jahr später aber, nachdem Adolf Hitler als Sieger aus Paris zurückgekehrt war, erhielt das Regime den Applaus, der ihm zuvor verwehrt geblieben war.

Vergleiche und Perspektiven

Hitler verkörperte nun, 1940, die Tilgung der deutschen »Schmach« von 1918 und die Überwindung von Ängsten vor dem Feind. Die Bereitschaft zum Einsatz militärischer Mittel und totalitärer Unterdrückungsmaßnahmen war gestiegen. Ganz allgemein fand ein »Enthemmungsprozess« statt – von der schrittweisen Aushöhlung der Pariser Vororteverträge bis zum »Kreuzzug« des »Dritten Reichs« gegen die Sowjetunion, von der Ausgrenzung der Oppositionellen und »Andersartigen« bis zu ihrer Vernichtung im »Holocaust«. Im Rassen- und Weltanschauungskampf wurde dem Gegner das Menschsein abgesprochen, verlor er buchstäblich sein Gesicht.

Gegenüber dem Ersten erreichte der Zweite Weltkrieg keineswegs quantitativ, sondern auch qualitativ eine neue Gewaltdimension. In Bomben- und Blitzkriegen wurde die Bevölkerung zur unmittelbaren Zielscheibe. Deportationen, Zerstörungen von Dörfern und Städten, Geiselerschießungen und Massenmorde an Zivilisten erwiesen sich jetzt als fester Bestandteil einer systematisierten Radikalisierung, der speziell das NS-Regime offen huldigte.

Die Jahre 1914 bis 1918 kannten eine derartige Totalisierung bewaffneter Konflikte lediglich in Ansätzen, wenngleich es nicht an Exzessen fehlte. Die Übergriffe blieben aber weitgehend benennbar und auf bestimmte Fälle beschränkt. Kriegsverbrechen und »Pflichtverletzungen« wurden ab 1919 von Kommissionen untersucht und in einigen Gerichtsverfahren abgeurteilt. Solche Aktivitäten auf nationaler Ebene scheiterten zwar im Großen und Ganzen. Mit der im Versailler Vertrag festgelegten Auslieferung Kaiser Wilhelms schuf man jedoch einen bis heute gültigen Präzedenzfall hinsichtlich der prinzipiellen Verantwortlichkeit eines Staatsoberhauptes. Es blieb den völkerrechtlichen Entwicklungen nach dem »Katastrophenzeitalter« zwischen 1914 und 1945 vorbehalten, Verstöße gegen bestehende Konventionen im Speziellen und gegen die Menschlichkeit im Allgemeinen entschiedener zu ahnden.

Die Hoffnung, militärische Auseinandersetzungen überhaupt zu verhindern, hatte im Übrigen im Laufe der 1920er-Jahre zu Anstrengungen für ein »Kriegsverhütungsrecht« geführt. Ihre Initiatoren waren keineswegs weltfremde Idealisten. Zwar schwebte ihnen primär die Lösung von Streitfällen durch friedliche Methoden vor. Die Selbstverteidigung gegen Aggressoren oder eine nötige Durchsetzung internationaler Verpflichtungen durch Heeresverbände ließen sie aber gelten. Unter anderem nach solchen Gesichtspunkten richtete sich der 1928 auf Betreiben Frankreichs und der USA geschlossene »Briand-Kellog-Pakt«, welcher aufgrund zahlreicher globaler Spannungen zwischen 1918 und 1939 allerdings vorläufig ohne Wirkung blieb. Später jedoch sollten die darin zum Ausdruck gebrachten Auffassungen durchaus Bedeutung erlangen. Das galt nicht zuletzt für eine genuin neue Sichtweise, die Krieg als Mittel der Politik prinzipiell ächtete. Vor allem auf diesem Fundament errichtete man 1945 die Vereinten Nationen als Nachfolgeorganisation des Völkerbundes.

Literatur

Diner, Dan: Das Jahrhundert verstehen. Eine universalhistorische Deutung. München 1999.

Förster, Stig (Hg.): An der Schwelle zum totalen Krieg. Die militärische Debatte über den Krieg der Zukunft 1919–1939. Paderborn 2002.

Hobsbawm, Eric: Das Zeitalter der Extreme. Weltgeschichte des 20. Jahrhunderts. München/Wien 1995.

Leidinger, Hannes/**Moritz**, Verena: Gefangenschaft, Revolution, Heimkehr. Die Bedeutung der Kriegsgefangenenproblematik für die Geschichte des Kommunismus in Mittel- und Osteuropa 1917–1920. Wien/Köln/Weimar 2003.

Moritz, Verena/**Leidinger**, Hannes: Die Nacht des Kirpitschnikow. Eine andere Geschichte des Ersten Weltkriegs. Wien 2006.

Nolte, Ernst: Der europäische Bürgerkrieg 1917–1945. Nationalsozialismus und Bolschewismus. Berlin 1987.

Stevenson, David: 1914–1918. The History of the First World War. London/New York 2004.

Strachan, Hew: Der Erste Weltkrieg. Eine neue illustrierte Geschichte. 3. Aufl., München 2009.

Thoß, Bruno/**Volkmann**, Hans-Erich (Hg.): Erster Weltkrieg – Zweiter Weltkrieg. Ein Vergleich. Krieg, Kriegserlebnis, Kriegserfahrung in Deutschland. Paderborn/München/Wien/Zürich 2002.

Traverso, Enzo: Im Bann der Gewalt. Der europäische Bürgerkrieg 1914–1945. München 2008.

Serviceteil

Ausgewählte Biographien – Ein kleines Personenlexikon

Bethmann Hollweg, Theobald von (1856–1921): Zunächst verantwortlich für das Innenressort, wurde Bethmann Hollweg von Kaiser *Wilhelm II.* 1909 zum Reichskanzler und preußischen Ministerpräsidenten bestellt. Im Reichstag auf wechselnde Mehrheiten gestützt, zeigte er wohl Reformwillen, scheiterte jedoch bei der Demokratisierung Preußens an konservativen Widerständen. In seiner Regierungszeit kam es innenpolitisch zu keiner vollen Integration der Sozialdemokratie und außenpolitisch nicht zu der vom Kanzler selbst gewünschten Annäherung an Großbritannien. Während er im Rahmen der Balkankriege 1912/13 mäßigend auf Österreich-Ungarn einwirkte, ermutigte er Wien im Juli 1914 zu einem raschen Handeln gegen Serbien. Obwohl er in letzter Minute noch auf britische Vermittlungsangebote setzen wollte, trug er damit zur Eskalation und zum Ausbruch des Ersten Weltkrieges bei. Im Zuge der Kampfhandlungen lavierte er zwischen den territorialen Forderungen der auf den Sieg eingestellten Kräfte und dem Bestreben, eine Verständigung mit dem Feinden herbeizuführen. Speziell gegen die martialische Haltung der Obersten Heeresleitung (OHL) unter *Paul von Hindenburg* und *Erich Ludendorff* vermochte er den Primat der Politik schließlich nicht mehr zu behaupten. Der uneingeschränkte U-Boot-Krieg der Deutschen senkte die ohnehin schlechten Chancen auf einen Ausgleich mit der Entente und führte schließlich zur Kriegserklärung Washingtons an Berlin im April 1917. Bethmann Hollweg fand wenig später weder bei den Reichstagsparteien noch in Hof- und Armeekreisen Unterstützung. Als er im Juli 1917 zurücktrat, endete das Nebeneinander von zivilen und militärischen Befugnissen. Die OHL bestimmte noch klarer als bisher den Kurs des Hohenzollernreiches.

Churchill, Winston Leonard Spencer (1874–1965): Churchill, der in der Kadettenanstalt Sandhurst erzogen wurde, gehörte seit 1900 als Abgeordneter dem britischen Unterhaus an. 1904 wechselte er von den Konservativen zu den Liberalen und bekleidete danach eine Reihe von hohen Regierungsämtern. 1906 übernahm er das Unterstaatssekretariat für die Kolonien, 1908 das Handels-, 1910 das Innenministerium. Ab 1911 fungierte er als Erster Lord der Admiralität. Er bereitete 1914 den Einsatz der Flotte konsequent vor, löste dann aber durch problematische Entscheidungen internen und öffentlichen Protest aus. Der nicht zuletzt von ihm initiierte Angriff auf die türkische Gallipoli-Halbinsel erwies sich als verlustreicher Fehlschlag. Churchill musste seinen Posten räumen und eine untergeordnete Stellung im Kriegskabinett einnehmen. Schließlich trat er zurück und ging an die Front in Frankreich. Als ihn Premier *David Lloyd George* im Juli 1917 zum Rüstungsminister ernannte, befand er sich wieder politisch im Aufwind. Speziell ab Jänner 1919, in der Funktion des Kriegsministers, nahm er erneut eine Schlüsselstellung in der Londoner Regierung ein. Während dieser Zeit wurde er überdies zu einem der energischsten Förderer antibolschewistischer Verbände in Russland. Die Ablehnung des Sozialismus und der Zerfallsprozess bei den Liberalen veranlassten ihn auch, zu den Konservativen zurückzukehren. 1921/22 war er Kolonialminister und 1924 bis 1929 Schatzkanzler. Dann widmete er sich vor allem historischen Studien, zumal er die Versuche seiner eigenen Partei, mit der nationalsozialistischen Führung in Berlin ein Auslangen zu finden, ablehnte. Aufgrund dieser Haltung gelangte er im Zweiten Weltkrieg zunächst wiederum an die Spitze der Marine. Seinen Machtzenit erreichte er ab 1940 als Premier- und Verteidigungsminister Großbritanniens. Gegen *Hitler* und seine Verbündeten schloss er nicht allein mit den USA, sondern auch mit seinem früheren Erzfeind, der Sowjetunion, eine »große Allianz«, die der NS-Gewaltherrschaft ein Ende setzte. Durch eine Wahlniederlage im Juli 1945 als Ministerpräsident abgelöst, trat Churchill als Verfechter eines westlichen Militärbündnisses zwischen 1951 bis 1955 neuerlich an die Spitze des britischen Kabinetts.

Clemenceau, Georges Benjamin (1841–1929): Der französische Republikaner und Führer der radikalsozialistischen Linken verlor sein Abgeordnetenmandat infolge eines Bestechungsskandals, wurde aber nach seinem Einsatz gegen die Rechte 1902 Senator. Als Ministerpräsident zwischen 1906 und 1909 scheiterte er an gesellschaftlichen Gegensätzen, wobei sein Kabinett durch die Bekämpfung von Protestbewegungen auch viele ursprüngliche Sympathisanten enttäuschte. In den nächsten Jahren unbedeutend, zweifelte er 1914 zunächst an der Stärke der nationalen Einigkeit Frankreichs. Als energischer Gegner von Zensurmaßnahmen und wichtiges Mitglied von Senatskommissionen für die Armee und die Außenpolitik verfügte er über keine unbedeutende Macht. Seine »Stunde« schlug allerdings erst 1917, als er vor dem Hintergrund von Streiks, Meutereien, Regierungskrisen und pazifistischen Protesten die Führung seines Landes als Premierminister übernahm und entschlossen den Kampf bis zum Ende propagierte. Angesichts der deutschen Niederlage Ende 1918 in Paris von einer Woge der Begeisterung getragen, sah sich Clemenceau dennoch bald mit Schwierigkeiten konfrontiert. Da er die Allianz mit den angloamerikanischen Großmächten nicht gefährden wollte, legte er bisweilen eine Kompromissbereitschaft an den Tag, die Teile der französischen Öffentlichkeit kritisierten. Obwohl der Versailler Vertrag von den Rechten einerseits als zu mild und von den Linken andererseits als zu hart eingestuft wurde, gelang es Clemenceau trotzdem, eine nationalkonservative Koalition Ende 1919 zum Wahlsieg zu führen. Als der ehemalige Kopf der extremen Linken, der nun gewissermaßen die Gegenseite anführte, auch noch für das Amt des Präsidenten der Republik kandidierte, stieß er jedoch auf massiven Widerstand. Die Entscheidung über das Staatsoberhaupt traf nicht das Volk direkt, sondern fällten die Mitglieder der Nationalversammlung. Hier überwog die Skepsis gegenüber seiner möglichen Machtfülle. Clemenceau zog sich ins Privatleben zurück.

Conrad von Hötzendorf, Franz (1852–1925): Conrad verfügte über Kriegserfahrung durch die Teilnahme an den Feldzügen der Habsburgerarmee am Balkan von 1878 bis 1882. Seine Erkenntnisse vermittelte er nicht zuletzt in der Generalstabsausbildung. Als Brigade- und Divisionskommandeur in Triest und Innsbruck gelangte er dann zur Überzeugung, dass ein bewaffneter Konflikt mit dem damals verbündeten Italien unvermeidlich sei. Conrad, der von 1906 bis 1911 sowie von 1912 bis 1917 Chef des k. u. k. Generalstabs und damit ab 1914 de facto die zentrale Entscheidungsinstanz bezüglich der militärischen Operationen Österreich-Ungarns war, drängte auf eine Modernisierung und Vergrößerung der Streitkräfte. Ähnlich wie seine Kollegen im Hohenzollernreich glaubte er an die Notwendigkeit eines baldigen Waffenganges, um potenzielle Gegner noch vor Abschluss ihrer Aufrüstungsmaßnahmen niederringen zu können. Wie die Heeresführungen in anderen Ländern vertraute er auf Offensivstrategien, wobei er jedoch seine Machtmittel überschätzte. Sowohl gegen Russland als auch gegen Serbien und Rumänien vermochten die ungenügenden Kräfte der Donaumonarchie lediglich mit deutscher Hilfe zu bestehen. Nach der dadurch gelungenen Stabilisierung der östlichen und südöstlichen Fronten verschoben sich die Kräfteverhältnisse innerhalb der Mittelmächte 1916 noch deutlicher zugunsten Berlins: Ein erneuter Alleingang von k. u. k. Einheiten gegen italienische Truppen scheiterte, der russische General Brussilow vernichtete umgekehrt in einer Offensive ganze Armeen der habsburgischen Kampfverbände. Kaiser *Karl* enthob Conrad dann im Frühjahr 1917 seines Amtes. Der langjährige Stabschef, der immer noch auf den Sieg hoffte, trat an die Spitze einer Heeresgruppe in Tirol. Nach erfolglosen Unternehmen berief man den glücklosen Feldherrn aber auch von diesem Posten ab.

Foch, Ferdinand (1851–1929): Vor 1914 schon einer der angesehensten Generale Frankreichs, leitete er von 1907 bis 1911 die Militärakademie des Landes. Wie *Joseph Joffre* prägte auch er eine Militärdoktrin, die dem Offensivgeist huldigte. Im Ersten Weltkrieg lange Armee- beziehungsweise Heeresgruppenkommandeur und speziell von *Georges Clemenceau* gestützt, übernahm Foch im Frühjahr 1918 die Koordinierung und schließlich die strategische Führung der französischen und britischen Verbände. Ab April desselben Jahres war er Oberbefehlshaber der alliierten Streitkräfte, die unter ihm die Initiative an der Westfront nicht mehr aus der Hand gaben. Foch, seit August 1918 Marschall von Frankreich, führte für die »Grande Nation« und ihre Verbündeten die Waffenstillstandsverhandlungen von Compiègne. Vielfach geehrt und ausgezeichnet, stand er gemeinsam mit *Joseph Joffre* an der Spitze der alliierten Siegesparade am 14. Juli 1919. Politisch und militärisch verlor er jedoch an Bedeutung. Während er *Clemenceaus* Kompromissbereitschaft bei der Pariser Friedenskonferenz kritisierte, hatte er innerhalb der Armee den Aufstieg des jüngeren Marschall Pétain hinzunehmen.

Franz Ferdinand (1863–1914): Nach der für viele Angehörige des habsburgischen Herrscherhauses üblichen militärischen Laufbahn wurde Franz Ferdinand durch den Selbstmord von Kronprinz Rudolf und den Tod seines Vaters Thronfolger. Mit Konzepten zum föderalen Umbau der Donaumonarchie befasst, neigte er andererseits auch zentralistischeren Regierungsplänen zu. Vor allem erblickte er in der k. u. k. Armee das einigende Band des Reiches. Seit 1913 Generalinspektor für alle Streitkräfte Österreich-Ungarns, enttäuschte er jedoch kriegsbereite Militärs während der Balkankrisen und -kriege vor dem Ersten Weltkrieg. Im Gegensatz zu den »Falken«, etwa dem von ihm bei mehreren Gelegenheiten protegierten Generalstabschef *Franz Conrad von Hötzendorf*, befürwortete er, seinen eigenen konservativen Vorstellungen entsprechend, die Allianz zwischen den drei großen alten Dynastien, den Romanows, den Hohenzollern und den Habsburgern. Einen Streit mit St. Petersburg, das hinter den antiösterreichischen Serben stand, wollte er nicht riskieren. Die Ermordung Franz Ferdinands und seiner Gemahlin Sophie durch vornehmlich serbisch-bosnische Attentäter in Sarajevo am 28. Juni 1914 löste eine internationale Krise aus, die noch nicht zwangsläufig im Ersten Weltkrieg gipfeln musste, aber jene Gegensätze und Konflikte heraufbeschwörte, die der österreichische Thronfolger eigentlich zu verhindern gesucht hatte.

Franz Joseph I. (1830–1916): Im Zuge der Revolution von 1848 auf den Thron gelangt, stand der Habsburger Franz Joseph für absolutistische Herrschaftsansprüche, hatte sich nach militärischen beziehungsweise außenpolitischen Misserfolgen aber mit einer Umgestaltung und schrittweisen Demokratisierung seiner Länder abzufinden. Ebenso wie viele Berater der Krone bemühte er sich um Kompensationen für verlorene Territorien und die Wahrung des »Prestiges« einer an Einfluss verlierenden Donaumonarchie. Im internationalen Mächtekonzert setzte er auf die Allianz mit dem Deutschen Reich, von dem die Wiener Verantwortlichen auch Rückendeckung bei ihrer Balkanpolitik erhofften. Gegen das rivalisierende Serbien erhielt man nach der Ermordung des habsburgischen Thronfolgers *Franz Ferdinand* und seiner Gemahlin in Sarajevo die gewünschte Unterstützung von Berlin, wobei Franz Joseph und seine Berater allerdings befürchten mussten, dass sich der Konflikt in Südosteuropa nicht lokalisieren lassen würde. Tatsächlich stellte sich St. Petersburg an die Seite Belgrads. Ein Bündnismechanismus wurde ausgelöst, der innerhalb weniger Tage zum »großen Krieg« führte. Franz Joseph nahm dann in diesem Waffengang den Oberbefehl über seine Streitmacht faktisch nicht wahr. Die Führung lag im Wesentlichen in den Händen des k. u. k. Generalstabschefs *Franz Conrad von Hötzendorf* 1916, nach 68 Regierungsjahren, starb der »alte Kaiser« in Schönbrunn. Den völligen Bankrott und den Untergang seines Reiches musste er nicht mehr miterleben.

Hindenburg, Paul von Beneckendorff und von (1847–1934): Hindenburg, dessen Sozialisierung innerhalb enger Grenzen der preußischen Armee erfolgte, diente nach dem Studium an der Kriegsakademie in verschiedenen Stabsstellen und Mitte der 1880er-Jahre im Großen Generalstab in Berlin. An der Spitze des IV. Armeekorps in Magdeburg 1911 verabschiedet, reaktivierte man den sechsundsechzigjährigen General nach dem Ausbruch des Ersten Weltkriegs und gab ihm das Kommando über die 8. Armee, die den russischen Vormarsch bei »Tannenberg« stoppte. Hindenburg ließ dabei seinem von ihm geförderten Stabschef *Erich von Ludendorff* weitgehend freie Hand. Beobachter begannen in der Folge von den beiden Offizieren als Singular zu sprechen. Dabei wurde »HL« wesentlich von den Entscheidungen *Ludendorffs* gelenkt, der andererseits in seinem unmittelbaren Vorgesetzten einen Mann mit größerem diplomatischem Geschick und mit mehr Autorität bei den Truppen fand. In diesem Sinn entwickelte sich Hindenburg, der im November 1914 »Oberbefehlshaber Ost« wurde und Ende August 1916 an die Spitze der Obersten Heeresleitung (OHL) trat, zu einer volkstümlichen Ikone für unerschütterliche Standfestigkeit. Seine Aura trug zur Vergrößerung des Machtbereichs von *Ludendorff* bei, der als Erster Generalquartiermeister die OHL gegenüber den zivilen Stellen aufwertete und somit auf fundamentale Weise die Verfassungsstrukturen des Hohenzollernreiches untergrub. Nachdem die mehr oder minder verdeckte Militärdiktatur in der deutschen Niederlage 1918 geendet hatte, gelang es Hindenburg und *Ludendorff*, die Verantwortung dafür abzustreifen. Schuld am verlorenen Krieg trug nun, so »HL«, der »Dolchstoß« durch die »schmähliche und verräterische« Heimat unter anderem mit ihren Streikaktionen und politischen »Verhetzungen«. Die »Dolchstoßlegende« erwies sich als äußerst wirksam und half mit, das Ansehen des 1919 erneut pensionierten Hindenburg nicht zu beschädigen. Vielmehr erkannte man in ihm das Symbol für einen Waffengang, der gewonnen hätte werden müssen. Erneut aus dem Ruhestand zurückgerufen, übernahm er ab 1925 als Präsident der Weimarer Republik die Funktion eines »Ersatzkaisers«. Wie schon während des Ersten

Weltkrieges in hohem Maße von seinen Beratern gelenkt, folgte er im Alter von 85 Jahren der Empfehlung, *Adolf Hitler* zum Reichskanzler zu ernennen.

Hitler, Adolf (1889–1945): Der im oberösterreichischen Braunau geborene Hitler war nach seiner Ablehnung an der Wiener Kunstschule Gelegenheitsarbeiter und übersiedelte schließlich nach München, wo er sich bei Kriegsausbruch als Freiwilliger beim 1. Bayrischen Infanterieregiment meldete. Nach kurzer Rekrutenausbildung erhielt er seine »Feuertaufe« Ende Oktober 1914 auf den Schlachtfeldern von Flandern. Wenig später gestand man ihm seine einzige Beförderung bis 1918 zu: Hitler wurde Gefreiter und als Ordonnanz beziehungsweise Meldegänger dem Stab seinen Regiments zugeteilt. Von Kameraden und Vorgesetzten als ebenso verschlossen wie pflichtbewusst beschrieben, zeichnete man ihn unter anderen auf Vorschlag eines jüdischen Offiziers mit Abzeichen und Verdienstkreuzen für seine Tapferkeit aus. Ungeachtet dessen bediente er sich antisemitischer Argumente angesichts der verschlechterten Stimmung innerhalb der Bevölkerung. 1918 bei einem Gasangriff vorübergehend erblindet, erfuhr er vom Waffenstillstand und vom Ende des Kaiserreiches im Lazarett. Die Umwälzungen, für die er sowohl Marxisten als auch »Mosaische« verantwortlich machte, brachten ihn zur völkischen »Deutschen Arbeiterpartei«, die sich zur NSDAP umbildete und seit 1921 unter der alleinigen Leitung Hitlers stand. Die Nationalsozialisten propagierten neben rassistischem und antibolschewistischem Gedankengut von Anfang an die Zerschlagung der Verträge von Versailles und St-Germain. Der Revisionismus wandelte sich dabei zu einem Revanchismus, der explizit auf Schützengrabenerlebnisse und die Frontgemeinschaft des Ersten Weltkrieges Bezug nahm. Nachdem Hitler zunächst mit einem Putschversuch in München 1923 scheiterte, bedeuteten seine Wahlerfolge im Zuge der Wirtschaftskrise und seine Ernennung zum Reichskanzler 1933 nicht nur den Untergang der demokratischen Weimarer Republik, sondern auch die Infragestellung der europäischen Friedensordnung seit 1919/20. Während sich »Hitlerdeutschland« in eine totalitäre Diktatur verwandelte und ein radikaler Rassismus von der Ausgrenzung zur physischen Vernichtung der »Andersartigen« führte, missachtete die Berliner NS-Führung sukzessive »Versailler Bestimmungen«. Dementsprechend forcierte sie die allgemeine Wehrpflicht und Wiederaufrüstung, befahl den Einmarsch in das entmilitarisierte Rheinland, den »Anschluss« Österreichs und die Zerschlagung der Tschechoslowakei. Die Feldzüge gegen Frankreich und die UdSSR machten schließlich die Zusammenhänge mit dem Ersten Weltkrieg deutlich. Über den nationalen Besitzstand hinaus ging es Hitler und seinen Staats- beziehungsweise Parteifunktionären um die Hegemonie in Europa und das Streben nach »Weltgeltung«.

Joffre, Joseph Jacques Césaire (1852–1931): Der Sohn einer wohlhabenden südfranzösischen Weinbauernfamilie schlug die Offizierskarriere ein und verbrachte wie viele seiner Berufskollegen einen Großteil der Zeit in den Kolonien der »Grande Nation«. Deren Generalstab stand er dann ab 1911 vor, wobei er sich in seinen Planungen von einem unbedingten Offensivgeist leiten ließ. Darauf konzentriert, schätzte er 1914 das Ausmaß der deutschen Attacke und die Notwendigkeit zur Einbeziehung eigener Reserven falsch ein. Nachdem es ihm trotzdem gelungen war, den Vormarsch des Feindes an der Marne zu stoppen, behauptete er seine Führungsposition bis Dezember 1916, lenkte aber aufgrund der von ihm angeordneten blutigen und letztlich nutzlosen Angriffsoperationen scharfe Kritik auf sich. Den zivilen Instanzen gegenüber herablassend, ersetzte man ihn schließlich durch Robert Nivelle. Ohne hinkünftig noch eine größere Rolle zu spielen, überhäufte man den schon 1917 mit dem Rang eines »Marschalls von Frankreich« geehrten Joffre nach dem Ende des Ersten Weltkrieges mit Auszeichnungen. An der Seite von *Ferdinand Foch* führte er die alliierte Siegesparade am 14. Juli 1919 an.

Karl I. (1887–1922): Ohne eingehende Vorbereitung musste Erzherzog Karl nach der Ermordung *Franz Ferdinands* die Rolle des habsburgischen Thronfolgers übernehmen. Dennoch ergaben sich vorerst kaum Schwierigkeiten. Im Bereich der Armee hatten nach Ausbruch des Ersten Weltkrieges ohnehin andere das Sagen. Der neue Kronprinz sollte durch militärische Einsätze vor allem an Popularität gewinnen. Im Schatten der Frontbefehlshaber blieb er in erster Linie eine Galionsfigur. Als Karl dann nach dem Tod *Franz Josephs* Ende November 1916 österreichischer Kaiser und ungarischer König wurde, fand er das Reich in einer durch den Krieg verschärften Existenzkrise vor. Seine Bereitschaft zur Wiedereinberufung des Parlaments, zur Durchführung sozialer Reformen und zur Gewährung von Amnestien für Oppositionelle traf keineswegs auf uneingeschränktes Wohlwollen. Vielmehr spekulierten Militärs mit einem energischen Vorgehen zur Erhaltung der Monarchie, während Wortführer nationaler Unabhängigkeitsbewegungen teilweise bereits zur Auflösung des k. u. k. Staatsverbandes tendierten. Die Krone und ihre Berater bewiesen in dieser Lage ihrerseits nicht immer eine glückliche Hand. Zudem verstimmte der Herrscher durch Friedensgespräche mit Frankreich ohne Einbeziehung Berlins die deutschen Entscheidungsträger. Statt sich gegenüber dem Hohenzollernreich zumindest ein wenig zu emanzipieren, musste der Wiener Hof mit ansehen, wie *Wilhelm II.* und seine Generäle daraufhin noch klarer als bisher die Allianz der Mittelmächte dominierten. Als schließlich Karl im Oktober 1918 eine föderale Neugestaltung Österreichs anstrebte, trug er nur noch zum Zerfall des Habsburgerstaates bei. Nachdem er im November auf seinen Anteil an den Regierungsgeschäften verzichtet hatte und die Ausrufung der Republik sowohl in Wien als auch in Budapest hinnehmen musste, emigrierte er im März 1919 in die Schweiz. Nach dilettantischen

Versuchen, in Ungarn 1921 wieder die Monarchie einzuführen, verbannten ihn die Alliierten auf die Insel Madeira, wo er ein Jahr später starb.

Kerenskij, Alexander Fjodorowitsch (1881–1970): Der Rechtsanwalt schloss sich linken Oppositionskräften im Zarenreich an und wurde Mitglied der Duma, des Parlaments in St. Petersburg. Nach dem Sturz von *Nikolaus II.* trat er in die neue Provisorische Regierung ein und übernahm zunächst das Justizressort. Als Kriegs- und Marineminister setzte er dann im Sommer 1917 an der Seite der Westmächte den Kampf gegen Deutschland und Österreich fort. Die sogenannte Kerenskij-Offensive, die am 1. Juli 1917 begann, endete nach wenigen Tagen mit einem Fehlschlag und führte zur weiteren innenpolitischen Destabilisierung. Kerenskij bekleidete zwar in dieser Phase das Amt des Ministerpräsidenten, verlor aber sowohl gegenüber den Militärs als auch gegenüber den Bolschewiki unter *Lenin* an Boden. Nach dessen Machtergreifung im Zuge der »Oktoberrevolution« floh Kerenskij ins Ausland und siedelte sich nach mehreren Zwischenstationen 1940 in den Vereinigten Staaten von Amerika an.

Lenin, Wladimir Iljitsch (1870–1924): Früh in der russischen revolutionären Bewegung tätig, verfasste Lenin, der eigentliche Uljanow hieß, 1899 das Werk »Die Entwicklung des Kapitalismus in Russland«. Mit seinem Konzept einer Kaderpartei, die das »Proletariat« führen sollte, trug er zur Spaltung der russischen Sozialdemokratie bei. In der Emigration zwischen 1907 und 1917 befasste er sich vor allem mit der Weiterentwicklung der marxistischen Philosophie. Den Ausbruch des Ersten Weltkrieges betrachtete er dabei als den Beginn einer allgemeinen Krise des Kapitalismus. Dieser habe, so Lenin, sein höchstes Stadium bereits zuvor im »Imperialismus« erreicht, dessen wesentlichste Merkmale Monopol- und Finanzkapital sowie ein Konflikt schürender Expansionismus seien. Durch den Sturz des Zaren 1917 kam Lenin nach Russland zurück, wo er im Oktober beziehungsweise November desselben Jahres mit seiner Partei der Bolschewiki zur Herrschaft gelangte. Seine Machtergreifung war von deutscher Seite unterstützt worden, zumal sich das Hohenzollernreich eine Destabilisierung Russlands und ein Ende der Kampfhandlungen an der Ostfront erhoffte. Lenin, nach der »Oktoberrevolution« Regierungschef als »Vorsitzender des Rats der Volkskommissare«, akzeptierte in der Folge die harten Friedensbedingungen der Mittelmächte im Vertrag von Brest-Litowsk, interpretierte sie aber als vorläufigen taktischen Rückzug, als »Atempause« bis zum Ausbruch der Weltrevolution. Bei diesen wie bei anderen Überlegungen ließ er sich grundsätzlich sowohl von seinem Machtinstinkt als auch von taktischer Flexibilität leiten. Die politische, soziale und wirtschaftliche Lage Russlands machte ihn etwa bei gleichzeitiger Beibehaltung der Einparteiendiktatur zum Fürsprecher der »Neuen Ökonomischen Politik« mit privatwirtschaftlichen Elementen.

Lloyd George, David (1863–1945): Der walisische Politiker machte sich als Gegner des Burenkrieges und der Empire-Schutzzölle einen Namen auf dem radikalen Flügel der liberalen Partei Großbritanniens. Von 1905 bis 1908 Handelsminister und von 1908 bis 1915 Schatzkanzler, fungierte er als Motor der Reformpolitik, etwa in Bezug auf den Status Irlands oder die Einführung der Sozialversicherung. Lloyd George, der 1914 aufgrund der Verletzung der belgischen Neutralität durch deutsche Truppen für den englischen Kriegseintritt optierte, übernahm im Mai 1915 das neu eingerichtete Rüstungsministerium und danach für fünf Monate das Kriegsministerium. Im Dezember 1916 folgte er Herbert Asquith als Premierminister. Um raschere Beschlussfassungen zu ermöglichen, verkleinerte er danach das Kriegskabinett auf fünf Mitglieder. Hauptsächlich ging es ihm darüber hinaus um die Einbindung möglichst vieler Gesellschaftsschichten sowie um eine effizientere Produktion, Verteilung und Rationierung von Nahrungsmitteln. Bei anhaltenden Differenzen mit den Befehlshabern der Streitkräfte erfreute sich der britische Regierungschef im zivilen Leben einer großen Beliebtheit, wobei sein Einfluss zusätzlich durch die dauerhafte Kooperation mit den Konservativen unter Andrew Bonar Law abgesichert wurde. In Wahlkampfreden mitunter zu kompromissloserem Auftreten gegenüber den Deutschen auch nach dem Waffenstillstand bereit, zeigte er sich im Rahmen der Pariser Friedenskonferenz hingegen moderater und flexibler. Auseinandersetzungen um die alliierten Forderungen an die Türkei und die damit verknüpfte Kriegsgefahr, brachten ihn jedoch 1922 zu Fall. Lloyd George wurde von der Mehrheit der konservativen Parlamentsabgeordneten gestürzt. Die weitere innenpolitische Entwicklung Großbritanniens vermochte er nicht mehr mitzugestalten.

Ludendorff, Erich (1865–1937): Der Sohn eines Offiziers und Rittergutbesitzers wurde 1894 in den Großen Generalstab des Hohenzollernreiches versetzt und befürwortete vor 1914 eine Verstärkung des Heeres. Kurz nach Beginn des Ersten Weltkrieges nahm er die Zitadelle Lüttich im Handstreich und fand danach als Stabschef unter *Paul von Hindenburg* im Osten Verwendung. Hier schlugen die Verbände des Duos Hindenburg/Ludendorff zarische Armeen in der mythisch verklärten »Schlacht von Tannenberg« Ende August 1914. Damit schufen beide Befehlshaber die Grundlage für ihren weiteren Aufstieg. Als Nachfolger Erich von Falkenhayns traten sie 1916 an die Spitze der Obersten Heeresleitung, die unter ihnen sukzessive ihre Macht in den zivilen Bereich hinein erweiterte. Ludendorff, der den eigens für ihn geschaffenen Titel eines »Ersten Generalquartiermeisters« erhielt und den man gewissermaßen als »heimlichen Diktator« seines Landes ansah, war an Intrigen gegen Regierungsmitglieder beteiligt, betrieb erfolgreich die Rücktritte mehrerer Reichskanzler und befürwortete die Reise *Lenins* von dessen Schweizer Exil durch das Einflussgebiet der Mittelmächte nach Russland. Der herausragende Taktiker vernachlässigte in militärischen Belangen allerdings operative wie strategische Fragestellungen und glaubte, den Feind im Stellungskrieg niederkämpfen zu können. Als die deutschen Kräfte erschöpft waren, bot die Heeresleitung zunächst den Alliierten den Waffenstillstand an. Ludendorff aber lehnte die Bedingungen der Gegner ab und wurde Ende Oktober 1918 aus seinem Amt entlassen. Während der revolutionären Ereignisse in Deutschland befand er sich in Schweden. Bereits 1920 beteiligte er sich an einem rechtsradikalen Umsturzversuch gegen die demokratische Weimarer Republik. 1923 nahm er am gescheiterten Putschversuch von *Adolf Hitler* in München teil. Der nationalsozialistischen Reichstagsfraktion gehörte er von 1924 bis 1928 an. Seine bizarren völkisch-rassistischen Ansichten trugen zur weitgehenden politischen Isolierung Ludendorffs bei, der sich schließlich auch mit Hitler und Hindenburg entzweite.

Moltke, Helmuth von (d. Jüngere) (1848–1916): Der Neffe des gleichnamigen Generalfeldmarschalls und Chefs des Großen Generalstabs bis 1888 absolvierte die militärische Karriere lange im Schatten seines berühmten Onkels. Bis zu dessen Tod 1891 sein Adjutant, wurde Moltke (d. J.) später von Kaiser *Wilhelm II.* protegiert. 1906 folgte er auf Wunsch des Monarchen *Alfred von Schlieffen* als Chef des Generalstabs nach. In dieser Funktion war er vor allem mit den minutiös ausgearbeiteten Plänen Schlieffens befasst, knüpfte deren Verwirklichung aber an die Verstärkung der Streitkräfte. Die Gefahr eines Zweifrontenkrieges gegen Frankreich und Russland vor Augen, tendierte Moltke mehrfach zu einem Präventivschlag. Als nach Kriegsausbruch, Anfang September 1914, der rasche Sieg im Westen ausblieb, brach Moltke gesundheitlich zusammen. Er verlor seine Position an Erich von Falkenhayn und starb bereits am 18. Juni 1916. Noch posthum fand man in ihm den »Sündenbock« für die Niederlage, eine Sichtweise, von der man auch in den nachfolgenden Epochen nur langsam und in Ansätzen Abstand nahm.

Nikolaus II. (1868–1918): Aus dem Herrschergeschlecht der Romanows stammend, war Nikolaus II. ab 1894 der letzte russische Zar. Sein Land erlitt im Krieg gegen Japan 1904/05 eine Niederlage, die schwere innenpolitische Konsequenzen nach sich zog und bereits damals beinahe zum völligen Zusammenbruch des Systems führte. Die Parlamentarisierung infolge der Revolution von 1905 schränkte danach ein strengeres Zensuswahlrecht wieder ein. Beträchtliche innere Spannungen ließen sich nur kurzfristig durch einen Appell an den Patriotismus bei Kriegsbeginn 1914 entschärfen. Auf lange Sicht fand das Regierungssystem von Nikolaus II. selbst unter den Eliten des Landes kaum Unterstützung. Militärische Misserfolge und schwere Organisationsmängel diskreditierten den Zaren, der persönlich an die Spitze seiner Armee trat und dadurch verstärkt mit ihren Problemen und Fehlschlägen identifiziert wurde. Die wachsende Versorgungskrise und die zunehmenden Proteste mündeten im Frühjahr 1917 in eine neuerliche Revolution. Soldaten und Parlamentarier widersetzten sich den Befehlen von Nikolaus, der zur Abdankung gezwungen war. Auch andere Thronanwärter der Herrscherdynastie standen nicht mehr zur Verfügung. Die Monarchie gehörte in Russland der Vergangenheit an. Nikolaus und seine Familie wurden interniert und von den Bolschewiki im Juli 1918 ermordet.

Rathenau, Walther (1867–1922): Von 1893 bis 1907 fungierte Rathenau als Direktor der elektrochemischen Werke in Bitterfeld sowie als Geschäftsinhaber der Berliner Handelsgesellschaft. Der AEG, die von seinem Vater gründet wurde, gehörte Rathenau seit 1899 als Vorstand und seit 1912 als Aufsichtsratsvorsitzender an. Bei Beginn des Ersten Weltkrieges galt er durch unzählige andere Führungspositionen in verschiedenen europäischen Unternehmen nicht nur als einer der einflussreichsten Großindustriellen des Hohenzollernreiches, sondern des gesamten Kontinents. Nach seinem Militärdienst 1890/91 als Jude nicht zum Offiziersexamen zugelassen, leitete er ab August 1914 trotzdem eine »Kriegsrohstoffabteilung« des preußischen Kriegsministeriums. Diese Stelle übergab er seinem Nachfolger am 1. April 1915 als eine leistungsfähige Behörde, welche tief in das Wirtschaftsleben Deutschlands eingriff. Rathenau selbst hatte aus eigenem Wunsch sein Amt zurückgelegt. Pessimistisch bezüglich der weiteren militärischen Entwicklung, trat er mit Denkschriften und Aufrufen hervor, in denen es unter anderem um ein durch Eroberungen erzwungenes Bündnis mit Russland ging, dann aber um einen Frieden ohne Annexionen und um eine tief greifende Parlamentarisierung des Staates. Sein Plädoyer für eine Volkserhebung zur Stärkung der deutschen Position in den kommenden Waffenstillstandsverhandlungen lehnte die Öffentlichkeit als Kriegsverlängerung ab. Nach 1918 setzte er sich für die nationalökonomisch verträgliche Regulierung der Reparationsschuld ein, die dem jungen Weimarer Staat infolge des Versailler Vertrages auferlegt worden war. Zwar scheiterte er letztlich in dieser Angelegenheit, erreichte jedoch durch den Rapallo-Vertrag vom April 1922 einen Ausgleich mit Sowjetrussland. Rathenau, der zunächst in der Berliner Regierung vom Mai bis zum Oktober 1921 Wiederaufbauminister gewesen war, übernahm ab Februar 1922 die Position des Außenministers. Antisemitisch-rechtsradikale Offiziere ermordeten den international hoch angesehenen Politiker und Wirtschaftsexperten am 24. Juni 1922.

Schlieffen, Alfred Graf von (1833–1913): Der hohe preußische Militär, der seit 1911 Generalfeldmarschall war, erlebte zwar den Ausbruch des Ersten Weltkrieges nicht mehr, prägte aber dessen Verlauf vor allem zu Beginn der Feldzüge durch seine Planungen als Generalstabschef von 1891 bis 1905. Neben der Modernisierung der Armee und speziell der Aufstellung technischer Truppen beschäftigte er sich insbesondere mit einem drohenden Zweitfrontenkrieg gegen Frankreich und Russland. Im berühmt gewordenen »Schlieffenplan« wurde daher davon ausgegangen, zunächst im Westen den Sieg erringen zu müssen, um danach gegen das Romanowimperium vorgehen zu können. Da der Frontalangriff gegen die französischen Streitkräfte wenig Erfolgsaussichten bot, entschied man sich für ein großes Umfassungsmanöver, wobei die Neutralität Luxemburgs, Belgiens und Hollands verletzt werden sollte. Schlieffens Nachfolger *Helmuth von Moltke* (d. J.) modifizierte zwar das Konzept und verzichtete unter anderem auf den Einmarsch in die Niederlande, orientierte sich aber im Großen und Ganzen an den früheren Überlegungen. Angesichts der Bündnissysteme, die bis 1914 entstanden, ähnelte die hauptsächlich auf solche militärische Erwägungen aufgebaute Politik der deutschen Reichsleitung einem gefährlichen Risikospiel. Das Verhalten Großbritanniens als Ententepartner der Russen und Franzosen wurde fast vollständig ausgeblendet, obwohl London schließlich in den Krieg gegen Berlin wegen dem im Schlieffenplan vorgesehenen Angriff auf Belgien eintrat. Die Truppen des kleinen Landes leisteten indessen unerwartet zähen Widerstand. Kommunikations- und Versorgungsprobleme der Deutschen kamen hinzu. Darüber hinaus wurde die Spitze ihres Westheeres nicht ausreichend gestärkt. Dort operierende Armeen legten es nicht mehr auf eine Einkreisung von Paris an und machten letztlich an der Marne kehrt. Der Rückzug und die Einleitung des Stellungskrieges stellten eine wichtige Vorentscheidung im Ersten Weltkrieg dar. Das Scheitern des Schlieffenplanes und das Ausbleiben der französischen Niederlage führte das Hohenzollernreich und seine schwachen Verbündeten in einen Mehrfrontenkrieg gegen eine erstarkende feindliche Allianz.

Thomas, Albert (1878–1932): Der aus kleinbürgerlichen Verhältnissen stammende Thomas gehörte seit dem Einigungsparteitag von 1905 zur Spitze der französischen sozialistischen Partei. Diese sah er 1914 als Teil einer nationalen Einheitsfront gegen die deutsche Aggression. Mit der Organisation der Kriegsgüterproduktion befasst, war er als Unterstaatssekretär ab Mai 1915 für die Artillerie zuständig. Im Dezember 1916 schließlich Rüstungsminister, galt Thomas als aktivster Vertreter der Linken im Kriegskabinett. Neben den Rüstungsanstrengungen seines Landes ging es ihm vor allem auch um soziale Reformen, wobei er eng mit den Gewerkschaften kooperierte. In seinen Bestrebungen auf den Sieg Frankreichs ausgerichtet, geriet er jedoch mit den an Einfluss gewinnenden pazifistischen Kräften seiner Partei in Konflikt. Nach dem Sturz der Regierung Alexandre Ribot im September 1917 ohne Ministeramt, fand er unter den Sozialisten kaum mehr Gehör. Bei Kriegsende zog er sich aus der französischen Innenpolitik zurück. In der Folge wandte er sich als Gründungsdirektor des Internationalen Arbeitsamtes in Genf einem neuen Betätigungsfeld zu.

Wilhelm II. (1859–1941): 1888 Nachfolger seines Vaters Friedrichs III. als Kaiser des 1871 gegründeten Deutschen Reiches, zerstritt sich Wilhelm II. aus dem Geschlecht der Hohenzollern rasch sowohl in sozial- als auch in außenpolitischen Fragen mit

Kanzler Otto von Bismarck. Nach dessen Sturz 1890 zeigte sich der Monarch aber keineswegs befähigt, den weiteren Entwicklungen seinen Stempel aufzuprägen. Tonangebend waren maßgebliche Regierungskreise, die das tendenziell entscheidungsschwache Staatsoberhaupt lenkten. In diesem Sinn fungierte der Monarch eher als Symbol einer Ära, die man auch mit den Begriffen »Wilhelminismus« und »Wilhelminisches Zeitalter« verband. Kennzeichnend dafür waren aus der Sicht der Regierungsverantwortlichen in Berlin unter anderem Auseinandersetzungen mit den Sozialisten und eine Isolierung des Landes auf internationaler Ebene. Der geheime Rückversicherungsvertrag mit Russland wurde nicht verlängert, die Gegnerschaft Großbritanniens durch ein ebenso riskantes wie letztlich gescheitertes Flottenbauprogramm herausgefordert. Bemühungen um koloniale Besitzungen verschlechterten gleichfalls die Position des Hohenzollernreichs, das als einzigen größeren Alliierten eine bereits schwächelnde Donaumonarchie vorweisen konnte. Berlin unterstützte vor diesem Hintergrund schließlich Wien gegen Serbien, obwohl Wilhelm persönlich in seiner Haltung während des Sommers 1914 schwankte. Danach innerhalb weniger Tage mit einem europäischen Krieg konfrontiert, gelang es der Reichsführung, die wichtigsten Kräfte des Staates, darunter nicht zuletzt die Arbeiterbewegung, in einem als »Burgfrieden« bezeichneten »nationalen Bündnis« zu vereinen. Den folgenden Waffengang erlebte der deutsche Kaiser selbst dann in den Kreisen der Generalität, denen er die strategische Planung überließ. Als oberster Kriegsherr hatte er allerdings stets Anteil an richtungweisenden Beschlüssen. Das galt etwa für Personalrochaden oder die Forcierung des uneingeschränkten U-Boot-Krieges. Wilhelm, der im Hauptquartier der Streitkräfte den Kontakt mit der Heimat verlor und in eine monarchisch-religiöse Fantasiewelt flüchtete, fand Ende 1918 keine Unterstützung mehr. Während in Berlin die Republik ausgerufen wurde, überquerte er mit seinem Hofzug die Grenze ins neutrale Holland und dankte am 28. November 1918 ab. Seiner Auslieferung aufgrund des Versailler Friedensvertrages widersetzte sich die Regierung der Niederlande. Hier starb er auch am 4. Juni 1941, ohne Deutschland jemals wieder betreten zu haben.

Wilson, Woodrow (1856–1924): Der Professor für Rechtswissenschaft und Nationalökonomie stand seiner Universität in Princeton zwischen 1902 und 1910 vor, bekleidete als Repräsentant der demokratischen Partei das Amt eines Gouverneurs von New Jersey und erlangte den Ruf eines liberalen Reformers. Als Präsident der Vereinigten Staaten versuchte er ab 1913 wichtige Reformen wie Zollsenkungen, Antitrust-Gesetze, eine progressive Einkommenssteuer, ein amerikanisches Zentralbankensystem und eine Bundesbehörde für den Außenhandel durchzusetzen. International gegen den »Dollarimperialismus«, verzichtete Washington in seiner Regierungszeit trotzdem nicht auf Interventionen in Mexiko, Haiti und der Dominikanischen Republik. Neutralität wollte Wilson hingegen im Ersten Weltkrieg bewahren, ein Standpunkt, der aufgrund wirtschaftlicher Interessen, probritischer Sympathien, der verfassungspolitischen Distanz zum »autoritär-militaristischen« Deutschen Reich sowie dessen Entscheidung für den uneingeschränkten U-Boot-Krieg aufgegeben wurde. Die Teilnahme der Vereinigten Staaten am Kampf der Entente gegen die Mittelmächte war mit Prinzipien verknüpft, die Wilson am 8. Jänner 1918 in den sogenannten »Vierzehn Punkten« verkündete. Die darin ausgesprochene Hoffnung auf einen demokratischen, gerechten und maßvollen Frieden beziehungsweise auf eine Neuorganisation der internationalen Beziehungen durch die Schaffung des Völkerbundes als Plattform für Konfliktlösungen ließ sich danach aber nur teilweise verwirklichen. Ein durch Krankheit gezeichneter US-Präsident, der 1920 den Friedensnobelpreis erhielt, scheiterte letztlich auch und vor allem im eigenen Land. Die USA anerkannten die Pariser Vororteverträge nicht und blieben dem Völkerbund fern.

Literaturverzeichnis: Einige Veröffentlichungen zum Thema seit dem Jahr 2000

Afflerbach, H.: Der Dreibund. Europäische Großmacht- und Allianzpolitik vor dem Ersten Weltkrieg. Wien/Köln/Weimar 2002.

Afflerbach, H./**Stevenson**, D. (Hg.): An Improbable War? The Outbreak of World War I and European Political Culture before 1914. Oxford 2007.

Audoin-Rouzeau, S./**Becker**, A.: 1914–1918. Understanding the Great War. London 2002.

Audoin-Rouzeau, S./**Becker**, J.(Hg.): Encyclopédie de la Grande Guerre 1914–1918. Paris 2004.

Baron, N./**Gatrell**, P. (Hg.): Homelands. War, Population and Statehood in Eastern Europe and Russia, 1918–1924. London 2004.

Baumfalk, G.: Tatsachen zur Kriegsschuldfrage. Diplomatie – Politik – Hintergrund 1871–1939. Tübingen 2000.

Becker, J./**Krumeich**, G.: La Grande Guerre: une histoire franco-allemande. Paris 2008.

Beckett, I.: Home Front, 1914–1918. How Britain survived the Great War. Kew 2006.

Beil, C.: Der ausgestellte Krieg. Präsentationen des Ersten Weltkrieges in deutschen Museen und Ausstellungen 1914–1939. Tübingen 2004.

Berghahn, V.: Der Erste Weltkrieg. 3. Aufl. München 2006.

Bourdelais, P. (Hg.): La population dans la Grande Guerre. Paris 2002.

Bruendel, S.: Volksgemeinschaft oder Volksstaat. Die »Ideen von 1914« und die Neuordnung Deutschlands im Ersten Weltkrieg. Berlin 2003.

Cabanes, B./**Duménil**, A. (Hg.): Larousse de la Grande Guerre. Paris 2007.

Chickering, R.: Freiburg im Ersten Weltkrieg. Totaler Krieg und städtischer Alltag. Paderborn 2008.

Ciment, J. (Hg.): The Home Front Encyclopedia. United States, Britain and Canada in the World Wars I and II. Santa Barbara 2007.

Cohen, D.: The War Comes Home. Disabled Veterans in Britain and Germany, 1914–1939. Berkeley/London 2001.

Davis, B. J.: Home Fires Burning: Food, Politics and Everyday Life in World War I Berlin. Chapel Hill 2000.

Demm, E.: Ostpolitik und Propaganda im Ersten Weltkrieg. Frankfurt am Main 2002.

Dülffer, J./**Krumeich**, G. (Hg.): Der verlorene Frieden. Politik und Kriegskultur nach 1918. Essen 2002.

Duménil, A./**Beaupré**, N./**Ingrao**, C. (Hg.):1914–1945. L'ère de la guerre. Paris 2004.

Eckart, W. U.: Medizin, Krieg und Gesellschaft: Deutschland 1914–1918. Paderborn 2007.

Erickson, E. J.: Ordered to Die. A History of the Ottoman Army in the First World War. Westport 2001.

Ernst, P./**Haring**, S./**Suppanz,** W. (Hg.): Aggression und Katharsis. Der Erste Weltkrieg im Diskurs der Moderne. Wien 2004.

Ferguson, N.: Der falsche Krieg. Der Erste Weltkrieg und das 20. Jahrhundert. München 2001.

Flasch, K.: Die geistige Mobilmachung. Die deutschen Intellektuellen und der Erste Weltkrieg. Ein Versuch. Berlin 2000.

Förster, S. (Hg.): An der Schwelle zum totalen Krieg. Die militärische Debatte über den Krieg der Zukunft 1919–1939. Paderborn 2002.

Förster, S./**Chickering**, R. (Hg.): Great War, Total War. Combat and Mobilization on the Western Front, 1914–1918. Cambridge 2000.

Fromkin, D.: Europe's last summer. Why the World went to War in 1914. London 2004.

Goldstein, E.: The First World War Peace Settlements 1919–1925. London 2002.

Grevelhörster, L.: Der Erste Weltkrieg und das Ende des Kaiserreiches. Geschichte und Wirkung. Münster 2004.

Groß, G. P. (Hg.): Die vergessene Front. Der Osten 1914/15. Ereignis, Wirkung, Nachwirkung. Paderborn/München/Wien/Zürich 2006.

Hagemann, K./**Schüler–Springorum**, S. (Hg.): Heimat-Front. Militär und Geschlechterverhältnisse im Zeitalter der Weltkriege. Frankfurt am Main/New York 2002.

Hamann, B.: Der Erste Weltkrieg. Wahrheit und Lüge in Bildern und Texten. München 2004.

Hamilton, R. F./**Herwig**, H. (Hg.): The Origins of World War I. Cambridge 2003.

Hewitson, M.: Germany and the Causes of the First Worl War. Oxford/New York 2004.

Higham, R./**Showalter**, D. E. (Hg.): Researching World War I. A Handbook. Westport/London 2003.

Hinz, U.: Gefangen im Großen Krieg. Kriegsgefangenschaft in Deutschland 1914–1921. Essen 2006.

Hirschfeld, G./**Krumeich**, G./**Renz**, I. (Hg.): Enzyklopädie Erster Weltkrieg. Aktualisierte und erweiterte Studienausgabe. Paderborn/München/Wien/Zürich 2009.

Holquist, P.: Making War, Forging Revolution. Russia's Continuum of Crisis, 1914–1921. Cambridge 2002.

Holzer, A.: Das Lächeln der Henker. Der unbekannte Krieg gegen die Zivilbevölkerung 1914–1918. Darmstadt 2008.

Horne, J./**Kramer**, A.: Deutsche Kriegsgreuel 1914. Die umstrittene Wahrheit. Hamburg 2004.

Howard, M.: The First World War. Oxford 2002.

Jansen, A.: Der Weg in den Ersten Weltkrieg. Marburg 2005.

Keegan, J.: Der Erste Weltkrieg. Eine europäische Tragödie. 2. Aufl. Reinbek bei Hamburg 2003.

Keene, J. D.: The United States and the First World War. Harlow 2000.

Kolb, E.: Der Frieden von Versailles. München 2005.

Konrad, H. (Hg.): Krieg, Medizin und Politik. Der Erste Weltkrieg und die österreichische Moderne. Wien 2000.

Korte, B./**Paletschek**, S./**Hochbruck**, W. (Hg.): Der Erste Weltkrieg in der populären Erinnerungskultur. Essen 2008.

Kramer, A.: Dynamics of Destruction. Culture and Mass Killing in the First World War. Oxford 2007.

Kronenbitter, G.: »Krieg im Frieden«. Die Führung der k.u.k. Armee und die Großmachtpolitik Österreich-Ungarns 1906–1914. München 2003.

Krumeich, G./**Fehlemann**, S. (Hg.): Versailles 1919. Ziele, Wirkung, Wahrnehmung. Essen 2001.

Kruse, W.: Der Erste Weltkrieg. Darmstadt 2009.

Leese, P.: Shell Shock. Traumatic Neurosis and the British Soldiers of the First World War. New York 2002.

Leidinger, H./**Moritz**, V.: Gefangenschaft, Revolution, Heimkehr. Die Bedeutung der Kriegsgefangenenproblematik für die Geschichte des Kommunismus in Mittel- und Osteuropa 1917–1920. Wien/Köln/Weimar 2003.

Liulevicius, V.G.: Kriegsland im Osten. Eroberung, Kolonisierung und Militärherrschaft im Ersten Weltkrieg. Hamburg 2002.

Llanque, M.: Demokratisches Denken im Krieg. Die deutsche Debatte im Ersten Weltkrieg. Berlin 2000.

Millman, B.: Pessimism and British War Policy 1916–1918. London 2001.

Milow, C.: Die ukrainische Frage 1917–1923 im Spannungsfeld der europäischen Diplomatie. Wiesbaden 2002.

Mombauer, A.: The Origins of the First World War. Controversies and Consensus. London 2002.

Mommsen, H. (Hg.): Der Erste Weltkrieg und die europäische Nachkriegsordnung. Sozialer Wandel und Formveränderung der Politik. Köln/Weimar/Wien 2000.

Mommsen, W.: Der Erste Weltkrieg. Anfang vom Ende des bürgerlichen Zeitalters. Frankfurt am Main 2004.

Mommsen, W.: Die Urkatastrophe Deutschlands. Der Erste Weltkrieg 1914–1918. Stuttgart 2002.

Mommsen, W.: Der große Krieg und die Historiker. Neue Wege der Geschichtsschreibung über den Ersten Weltkrieg. Essen 2002.

Moritz, V./**Leidinger**, H.: Zwischen Nutzen und Bedrohung. Die russischen Kriegsgefangenen in Österreich 1914–1921. Bonn 2005.

Mülder-Bach, I. (Hg.): Modernität und Trauma. Beiträge zum Zeitenbruch des Ersten Weltkrieges. Wien 2000.

Müller, S.: Die Nation als Waffe und Vorstellung. Nationalismus in Deutschland und England im Ersten Weltkrieg. Göttingen 2003.

Nachtigal, R.: Russland und seine österreichisch-ungarischen Kriegsgefangenen 1914–1918. Remshalden 2003.

Neitzel, S.: Blut und Eisen. Deutschland im Ersten Weltkrieg. Zürich 2003.

Oltmer, J. (Hg.): Kriegsgefangene im Europa des Ersten Weltkriegs. Paderborn/München/Wien/Zürich 2006.

Oppelt, U.: Film und Propaganda im Ersten Weltkrieg. Propaganda als Medienrealität im Aktualitäten- und Dokumentarfilm. Stuttgart 2002.

Ponting, C.: Thirteen Days. The Road to the First World War. London 2002.

Rachamimow, A.: POWs and the Great War. Captivity on the Eastern Front. Oxford 2002.

Rauchensteiner, M. (Hg.): Die 12. Isonzoschlacht 1917. Wien 2007.

Root, G. Irving: Battles East. A History of the Eastern Front of the First World War. Baltimore 2007.

Rother, R./**Herbst-Meßlinger**, K.: Der Erste Weltkrieg im Film. München 2009.

Saleswki, M.: Der Erste Weltkrieg. Paderborn/München/Wien/Zürich 2003.

Saunders, N. J. (Hg.): Matters of Conflict. Material Culture, Memories and the First World War. London 2004.

Schaffelner, B.: Unvernunft und Kriegsmoral am Beispiel der Kriegsneurose im Ersten Weltkrieg. Wien 2005.

Schneider, U. (Hg.): Krieg der Geister. Erster Weltkrieg und literarische Moderne. Würzburg 2000.

Shepard, B.: A War of Nerves. Soldiers and Psychiatrists, 1914–1994. London 2000.

Smith, L. V./u. a. (Hg.): France and the Great War, 1914–1918. Cambridge/New York 2003.

Steiner, Z. S./**Neilson**, K.: Britain and the Origins of the First World War. Basingstoke 2003.

Stevenson, D.: 1914–1918. The History of the First World War. London/New York 2004.

Strachan, H.: Der Erste Weltkrieg. Eine neue illustrierte Geschichte. 3. Aufl. München 2009.

Thoß, B./**Volkmann**, H. (Hg.): Erster Weltkrieg – Zweiter Weltkrieg. Ein Vergleich. Krieg, Kriegserlebnis, Kriegserfahrung in Deutschland. Paderborn/München/Wien/Zürich 2002.

Transill, C. C.: Amerika geht in den Krieg. Der Erste Weltkrieg als Türöffner nach Europa. Selent 2001.

Verhey, J.: Der »Geist von 1914« und die Erfindung der Volksgemeinschaft. Hamburg 2000.

Watson, A.: Enduring the Great War: Combat, Morale and Collapse in the German and British Armies, 1914–1918. Cambridge 2008.

Welsh, D.: Germany, Propaganda and Total War, 1914–1918. London 2000.

Williamson, S./**Van Wyk**, R.: July 1914. Boston 2003.

Willmott, H. P.: Der Erste Weltkrieg. Hildesheim 2004.

Winter, J. M./**Parker**, G./**Habeck**, M. R. (Hg.): Der Erste Weltkrieg und das 20. Jahrhundert. Hamburg 2002.

Winter, J. M./**Robert**, J.-L. (Hg.): Capital Cities at War. Paris, London, Berlin 1914–1919. Bd. II. A Cultural History. Cambridge 2007.

Wirsching, A./**Schumann**, D. (Hg.): Violence and Society after the First World War. München 2003.

Wurzer, G.: Die Kriegsgefangenen der Mittelmächte in Russland im Ersten Weltkrieg. Göttingen 2005.

Zieger, R. H.: America's Great War. World War I and the American Experience. Lanham 2000.

ROLF-DIETER MÜLLER
MILITÄRGESCHICHTE
(UTB FÜR WISSENSCHAFT 3224 M)

Die Geschichte von Krieg und Militär findet in der Öffentlichkeit und in den Medien nach wie vor großes Interesse. Das gilt in jüngster Zeit zunehmend auch für die Sozial- und Geisteswissenschaften. Mit dieser Einführung wird das Fach in seinen methodischen und theoretischen Grundlagen vorgestellt. Im Hauptteil vermittelt ein problemorientierter Überblick Fakten und Ereignisse zu über fünftausend Jahren Militärgeschichte. Der europäische Schwerpunkt verbindet sich mit globalen Perspektiven. Die deutsche Geschichte tritt im 19. und 20. Jahrhundert stärker in den Vordergrund. Den Grundzügen des Kalten Krieges und seiner Sicherheitsstruktur folgt der Ausblick auf gegenwärtige und künftige Formen militärischer Konflikte. Der Band richtet sich nicht nur an Studierende und Soldaten, sondern bietet fundiertes Sachwissen für alle, die sich für die Geschichte des Krieges sowie die Bedeutung und den Gestaltwandel des Militärs interessieren.

2009. 376 S. BR. 150 X 215 MM.
ISBN 978-3-8252-3224-5